YOUER YANGRUN JIAOYU
YU YANGRUN KECHENG

幼儿养润教育
与养润课程

陈建华　著

南京大学出版社

图书在版编目（CIP）数据

幼儿养润教育与养润课程 / 陈建华著 . -- 南京：
南京大学出版社 , 2021.7
ISBN 978-7-305-24392-9

Ⅰ . ①幼… Ⅱ . ①陈… Ⅲ . ①幼儿园 – 课程 – 教学研
究 Ⅳ . ① G612

中国版本图书馆 CIP 数据核字（2021）第 074324 号

出版发行	南京大学出版社

社　　址　南京市汉口路22号　　　　　　邮　编　210093
出 版 人　金鑫荣

书　　名　**幼儿养润教育与养润课程**
著　　者　陈建华
责任编辑　丁　群　　　　编辑热线　025-83592123

照　排　南京新华丰制版有限公司
印　刷　南京凯德印刷有限公司
开　本　787×1092　1/16　印张　14.25　　字数　320　千
版　次　2021年7月第1版　2021年7月第1次印刷
ISBN 978-7-305-24392-9
定　价　59.80元

网址：http://www.njupco.com
官方微博：http://weibo.com/njupco
微信服务号：njuyuexue
销售咨询热线：（025）83594756

让校本课程研发落地成长

　　曾几何时，现代教育一下子漂浮上了半空，别人看不懂的理论、团队拼凑来的模式、自己也说不清楚的思想——满天飞了起来。近二十年来，校本课程也在这样的"飞扬"中热闹起来了。似乎一个学校没有自己的"特色"校本课程就是一所"贫困"学校了，而"特色"校本课程越多就越"高大上"了。对此，我始终保持警惕。所以我开始做校长时并不急于研发校本课程，我竭尽全力地做国家课程的"校本化"实施探索和有效推进，将国家课程在孩子身上真正落地生长，让教育通过国家课程在孩子身上真正生发。

　　我创办苏州大学实验学校的第二年引进建华加入了我们的团队。她是来为我"救火"的，因为我们幼儿园一直没有引进到合适的人做园长，我一直兼做着幼儿园园长，甚至还代上过幼儿园中班的课。因此我也就能自豪地说，我基础教育"全学段"都上过课了。建华来任苏州大学实验学校副校长兼幼儿园园长后，我们的幼儿园很快就扩到了27个班，这大概是苏州市公办幼儿园最大规模了。但棘手的是，整个幼儿园中骨干老师占比不到十分之一。这对一个新建幼儿园来说，发展创新几乎是想也别想了，只要能完成正常的教学任务，让入职三年内的小老师们"在战斗中学会战斗"，慢慢成长起来，我就应该为他们跷大拇指了！

　　建华确实很能干！她和一群小老师用了半年的时间，就把虽不算小，但拥挤又粗疏的校园变成了儿童的乐园。每个班都有种植区，一到春天，郁郁葱葱地绿起来了。水沙区屋内连到室外，孩子们奇妙的创意让这里天天都是新的。走廊里的游戏书屋、大厅中的"秋天的果园"、草坪上的各种游戏场所……伴随着场地的改变，孩子们的校园生活发生了变化，建华敏感地意识到了课程要跟上去！幼儿教育的特殊性在于至今尚无国家课程标准颁布，只有《幼儿教育指导纲要（试行）》（2001年）和《3—6岁儿童学习与发展指南》（2012年）作为课程实施的指导性文件。课程的研发与实施也就既有大空间，也无多依傍。

　　建华确实很聪明！她紧紧守住"课程从儿童出发，课程在儿童身上落地，课程让儿童成长"的课程研发基本立场。她观察到春游时孩子们看到植树的工人挖开泥土时的好奇，在孩子们与工人们的聊天中获得了灵感，研发了园本课程《亲近泥土》。幼儿园来了一对山羊，不久，它们有了羊宝宝，她和孩子们一起研发了校本课程《小羊和小羊的家》。当然还有一些带着孩子们走到更为广阔的社会生活中的课程研发，如《门前小花园》《澄阳路口》《高铁北站》《优步小区探秘》等。总之，所有的课程都是从儿童的需要出发，课程是为了满足儿童接受更为健康而阳光的教育。就这样，一个个小小的主题课程落地了，这不仅要有聪明的头脑，更需要有情怀的坚持。

建华确实是很有情怀！这种情怀不是说在嘴上的，而是落实在每一个课程研发过程中每一个参与的儿童身上的。建华做了多年的苏州工业园区的幼教教研员，是省特级教师，也是正高级教师。我原来想，她一定会说出一套又一套大道理。但研发课程是要落地的，要带着小老师一起做的，要和儿童一起参与的，要让课程在儿童身上生长的。她的情怀体现在课程研发很务实！幼儿园要挖一个小池塘，她和老师还有孩子们一起设计起"小池塘"来了，小池塘挖出来了，水注满了，鱼儿放进去了，《小池塘》和《小鱼的家》等课程也出来了。与孩子一起参与研发课程，这样的课程是会生长的！如果所有课程的研发都不是为了园长的成绩，而是为了儿童的生长和教师的成长，这样研发课程的园长就是好园长！

建华确实是位好园长！两年多的共事，她从来都是兢兢业业做事，诚诚恳恳说话，真真诚诚待人。研发课程没有成为老师的负担，而成为年轻老师成长的途径，三十多个主题课程的研发落地，不仅使儿童得到成长，还培养出了一支优秀的团队。比如在课程研发的评价环节中，参与评价的不仅有课程实施的老师，还有儿童、家长、保育员。一本本不同评价者的课程记事本，是课程研发的宝贵"记忆"！尤其值得肯定的是，在这些记忆中，年轻老师慢慢成长起来了。看到年经教师的成长，我和她同样心里是喜滋滋的，是欢乐的。

教育就是要给人以欢乐，给人以生长的力量！幼儿园的教育更应该如此，要能给儿童和老师以欢乐，为他们未来人生的前行提供无穷的力量！幼儿园校本课程的研发更应该遵循这一法则。

建华和她的团队及孩子们经过两年半的实践探索，将这样一个融自己课程研发思考和实践个案在一起的《幼儿养润教育与养润课程》书稿让我先睹为快，实在是他们对我的信任。我们苏州大学实验学校以苏州大学校训"养天地正气；法古今完人"为校训，以"独立、平等、自由、有爱"为校风，提出了"四养四成"的育人理念。所谓"四养"，即养润、养育、养成、养正。幼儿阶段，我们的重点是为他们创设良好的成长环境，通过接触大自然，在与各种环境的互动中滋养浸润，潜移默化，润物无声。小学生的认知水平较之幼儿有了一定的提高，这个阶段，我们要通过教育，使其知礼、明理，一点一点地成长。到了初中阶段，学生进入青春期，自我意识开始发展，独立意识不断增强，要进一步加强文明礼仪和行为、卫生及学习习惯等方面的养成教育，使学生养成良好的品德修养。对于高中阶段的学生，则需要对其加强世界观、人生观、价值观的正确引导，明辨是非，培育和践行社会主义核心价值观。

所谓"四成"，即成人、成才、成长、成全。这四个"成"，即育人目标，从一名"好少年"成长为一名有担当的社会公民，心怀天下，不仅未来能成才、成长，更要有成人之美的博大胸怀，成全他人、成全世界。因此我们把"成全"作为我们育人的终极目标，它比"成功"更可贵。给孩子一辈子成长的能力是我们的育人愿望。

通过这"四养四成"，从学前教育、基础教育到高等教育，将"养正气、成完人"的整个过程贯穿起来，并向未来无限延伸。建华这一"养润课程"的初步探索是苏州大学实验学校第一个五年中极重要的一个成绩，这个成绩属于建华和她的团队，包括和他们相遇的每一位孩子。这样的校本课程的研发和实践是有意义有价值的，也似乎只有以这样的方式和立场来研发校本课程才能真正地落地，才能通过课程让孩子成长。我一直坚持基础教育学校科研一定要恪守：做能转化为教育教学实践的教科研究；做有教学和思想支撑的学术研究。简单地说就是：教学有学术性；学术有教学力。建华的这本《幼儿养润教育与养润课程》大概是一个例子吧。因此很乐意为他们的研究多说几句话。

是为序。

安子岁在辛丑新正

前　言

目前，很多幼儿园都在进行园本课程建设。大家对幼儿园需要建设自己的园本课程是有共识的，但对园本课程究竟如何研发，应该建设成一个什么模样却是含糊不清的。

不管是学者、专家还是一线的园长，对园本课程的建设都存在着不同的担心和顾虑：学者和专家认为幼儿园可以根据自己的情况进行园本课程建设，但其建设过程是一个非常复杂的系统，不是任何一个幼儿园都能很好完成的。一线园长认为幼儿园非常想建设自己的园本课程，有建设的强烈愿望，但由于条件与水平有限，往往力所不能及。

2018年7月，当我来到苏州大学实验学校幼儿园，眼前所见并非如我所料。虽为新建园，但本体条件十分一般，甚至可以说是十分贫乏。这所苏州大学与地方政府合作创办的公办园，虽然初期建设规模比较完备，但由于整体板块所处位置，幼儿园配套相对滞后于城市建设的高速发展。幼儿园招生又远超其原建制规模，在一年内从15个班扩至27个班。园内各类课程资源凸显不足，适宜课程游戏化发展需求的环境亟待改善。但我知道，这一切都需要我去努力改变，这一切也都会改变。我更知道，这一旅程必定是艰辛又繁复的。带着五十多位"孩子老师"，通过两年多的亲身实践，一个十分真实的普通幼儿园依园而建之旅从此处开始有了印记。

陈建华

2020年8月8日于苏州

幼儿养润教育与养润课程

课程理念

1. 儿童是他自己的历史。

——童年是特定阶段孩子建构个人心灵史的起点，课程是这个诗意历程的路径。

2. 幼儿园是一个有趣的生命场。

——每个生命都是孩子的伙伴，观察生命、感受成长，随之融入孩子的成长印记。

3. 幼儿园是充满爱的美育森林。

——阅读经典、阅读美与爱，孩子在其间汲取营养，自由呼吸，健康成长。

4. 一日活动皆课程，以游戏为基本活动。

——幼儿的学习与生活紧密相连，珍视生活与游戏的独特价值，孩子是游戏的主人。

5. 教师是儿童的支持者、合作者、研究者。

——发现儿童的兴趣与需要，使课程的展开成为师幼共同发展的快乐经历。

6. 幼儿园是一个和蔼可亲、安全温暖的社区。

——幼儿园需要主动与家庭实现共育，形成一个安全和谐的家园合作共同体。

课程目标

眼有美——热爱生活、关爱环境，具备发现美、表现美、创造美的学养与能力。

心有爱——善良纯真、富有爱心，对周围世界充满情感，能积极给予周围人力所能及的帮助。

行有思——喜爱操作、勤于思考，有观察、发现、探究周围世界的兴趣与能力。

动有法——敢于行动、遵守规则，养成良好习惯与文明礼仪，具备与人良好沟通与交往的能力与素养。

课程框架

在苏州大学百年校训"养天地正气，法古今完人"深厚的文化土壤中，孕育了一棵充满生机的学前教育"养润课程之树"，它以预设班本课程与生成课程两个脉络同步生长。"养"为课程内容之源，立足习惯、礼仪、思维的培育；"润"为课程实施之法，充分体现文化滋养、环境浸润、动手实践操作。在尊重文化、环境与资源的本园实际基础上，预设课程辅以"美妙一刻""行动一刻""成长一刻"等独特的幼儿活动实践体系，与主题预设课程、生成课程有机形成三合一的立体课程实施框架。

目 录

第一章 "真实的依园而建"之思前想后

思前——园本课程建设，我们要做什么

陈鹤琴先生在 1927 年《我们的主张》一文中提出："小孩子能够学的与应当学的东西，本来是很多的，但是我们不能就这样漫无限制的毫无系统的去教他。总必定要有一种组织，在相当范围内，使其成为一个系统并使各科目中间互相连接起来发生关系。因为儿童是整个的，所以教材也必定要整个的，互相连接的，不能四分五裂的。"[1] 同时，他还提出："幼稚园的课程须预先拟定，但临时可以变更：我们总应当把每日所做的功课预先拟定出来，谁去拟定呢？教师呢，还是儿童呢？也不必拘泥。倘使临时发生一种很有兴趣的事情，那不妨改变已拟定的功课，以做适时的工作来满足儿童的需要。"[2] 关于课程的组织与实施，纵观陈鹤琴先生的课程理论可以显见如下几点：第一，课程应为教育目标服务；第二，课程内容的选择应注重儿童的生活环境，以大自然大社会为中心；第三，课程结构以"五指活动"为基本部分；第四，课程实施应采用"整个教学法"、游戏式和小团体式；第五，尤其强调游戏的作用，主张游戏是学前儿童最喜欢的活动。

陈鹤琴先生的课程思想对我们当今的园本课程建设有十分重要的指导意义。有人误认为园本课程必须体现出本幼儿园的特色而别的幼儿园所没有的，只有这样才能体现出本园的管理水平和办园理念，在这种思想的引导下，为避免和周边的幼儿园有雷同，双语特色、蒙氏特色、科学特色、美术特色、健康特色……各种各样的特色一一出现了。在这个飞速发展的信息时代，教育理论、教育思潮不断激荡着幼儿教师的头脑，作为幼儿园课程建设一线的实践者，建构课程究竟应该朝着哪种方向呢？我国的课程专家提出了"园本课程""班本课程"的观点，那是不是每个幼儿园都要有自己的一种课程，每个班级都该有自己的一种特色

---

[1]陈秀云、陈一飞：《陈鹤琴文集》，江苏教育出版社，2007年版，第86-87页。
[2]陈秀云、陈一飞：《陈鹤琴文集》，江苏教育出版社，2007年版，第87-88页。

呢？我想，这里一定会产生很多的困惑和片面理解，所谓"园本""班本"，当然是探讨最适合本园、本班特点的课程，但绝不应该是一个园、一个班一个新模样，也许更应该探讨符合幼儿学习特点的、符合幼儿教育基本规律的、符合《幼儿教育指导纲要（试行）》（以下简称《纲要》）基本精神的课程，探索课程实质才是目的，而课程的内容及其展开方式应该因园而宜，各园资源不同、环境不同，文化有差异，孩子不一样，所以需要因园而异进行适当的调适和选择。

南京师范大学虞永平教授指出："以幼儿园为本的课程是幼儿园经过长期的努力所追求和达成的结果，是幼儿园的现实资源转化成教育过程中对幼儿的发展产生实际影响的因素。以幼儿园为本的课程的真正形成，有赖于以幼儿园为本的课程建设的过程，课程的建设是一个漫长的过程……"[1]幼儿教育是基础教育的基础，是幼儿一生发展的基础，在这个时期更应该强调幼儿身心和谐全面健康发展。因此，建设园本课程首要解决的问题是：园本课程建设的实质与基本内涵是什么。

（一）课程目标——为儿童的全面发展和人生奠基

幼儿期是人生起步的关键时期，在这个时期务必以培养幼儿全面和谐发展为重心。在《纲要》总则中明确指出："幼儿园教育是基础教育的重要组成部分，是我国学校教育和终生教育的奠基阶段。"在教育内容与要求中指出："幼儿园的教育内容是全面的、启蒙的……"由此可见，幼儿园课程的目标必然是全面的、浅显的。它更关注为幼儿奠定对生活积极乐观的态度，获得快乐成功的情感体验，培养广泛乐学的兴趣，关注习惯的养成和能力的培养。而在具体实施时，笔者深信课程目标同样需要关注幼儿的特点，对幼儿的发展应给予更多的"等待"，目标是长远的而非短时间就能实现的。急于求成，在幼儿身上迫切希望实现目标、看到效果，是不符合幼儿身心发展规律的。

（二）课程内容——充分反映幼儿的特点和幼儿教育的特征

幼儿园课程，必然来自孩子。在孩子的生活中，能让他们感兴趣的事实在太多了，但究竟哪些可以成为课程内容呢？通过多年的实践发现，能展开丰富有趣的主题活动的课程内容，是有规律可循的，即这些内容孩子感兴趣；可展开比较深入的探究活动；活动的材料来源丰富；内容的展开对幼儿身心发展是有意义的。因此，课程内容的来源虽然非常广泛，它仍然需要经过教师认真的思考和选择，

---

①虞永平：《生活化的幼儿园课程》，高等教育出版社，2010年版，第51—52页。

只有这样，课程内容才可以富有幼儿的特点和儿童的本色。

记得在一次春游的途中，我和孩子们突然看见绿化队工人在挖沟植树，那些挖成的泥沟和湿润的泥土引起了孩子很大的兴趣，几个大胆的孩子很快和工人叔叔攀谈了起来："叔叔，你们在干什么呀？""挖出来的泥怎么是这样湿湿的呢？""这些泥里有虫子吗？"……这些来自城市的孩子，可以和泥土展开对话吗？如果可以，其间一定会遇到不少问题，如玩泥的卫生问题、泥土的来源、家长是否会支持，等等。但是，让孩子对泥土感兴趣并亲近泥土，无疑是有益又有趣的，当我看到孩子那充满探求欲的眼神和沉浸在活动中的笑容时，我坚信这个内容是适合幼儿的。

（三）课程实施——以幼儿熟悉又感兴趣的方式展开

课程的实施，需要通过生动、有趣、有序的活动来具体落实。怎样的活动是最适合孩子的呢？我想必定是孩子生活中经常遇到的、感兴趣的活动。对于幼儿阶段的孩子，学习的特点并不如小学阶段那么明显，很多的学习是融于生活或渗透在活动中进行的。多年前我在带领中班孩子进行《逛商场》主题活动时，有一个活动让我感触很深。在早春刚开学不久，空气还带着几分寒冷，我们班的孩子决定去参观苏州闹市观前街的大型商厦——长发商厦，因为在这样的大型商厦，孩子能真实地寻找各种商场的标记，观察各种各样的商标，感受货品的丰富多样和整齐有序，还可以体验到很多的商场文化。可是，孩子的安全呢？真有点让人为难。为了让活动深入开展，为了孩子们安全又有意义地学习，我们与商场的负责人进行沟通，做好了参观商场的详尽准备，还邀请长发商厦的服务员小鲍阿姨全程带领幼儿参观。孩子们在商场中充分感受到苏州的特色文化，他们兴奋地在商场中寻找苏州的特产、苏州的知名品牌，与服务员进行沟通，对不明白的问题进行询问。不仅完成了学习任务，更感受到商场服务的热情和周到细致。路过的顾客纷纷感叹：没想到商场真的成了孩子们生动活泼的课堂！殊不知，我们精彩的活动还远没有结束。第二天，小鲍阿姨还被邀请到了孩子们的活动室，孩子向阿姨介绍自己在商场里的感受，阿姨给孩子们讲发生在长发的感人故事，如长发的玫瑰月饼如何成名的故事、诚实的小明和长发蛋糕的故事、北京天安门国旗护卫队和长发月饼的故事……孩子们一个个都被阿姨讲的故事感动着……大家决定把这些感人的故事用自己的方式——绘画——表现出来，布置成展览，告诉更多的人。这样生动、丰富、灵活的课程，汇聚了老师的爱、"长发"的爱、社会的爱……对于孩子，这是一份多么珍贵的礼物呀！

（四）课程评价——儿童的表达和动态的展示

在《纲要》第四部分"教育评价"中提出了八条要求，包括评估内容、评估方法、评估的注意点等，其中第八点指出："全面了解幼儿的发展状况，防止片面性；在日常与教育教学过程中采用自然的方法进行，平时观察所获的具有典型意义的幼儿行为表现和所积累的各种作品等，是评价的重要依据；以发展的眼光看待幼儿……"据此，我认为幼儿园的课程评价应该尽可能打破传统评价的局限，从而体现儿童的特点，体现多方参与，在动态的过程中进行发展性的评价。教师可与孩子一起定期收集幼儿参与活动的照片、孩子的典型作品等，举办成果展览会，让更多人一起观赏、分享；关注孩子在活动中的表现、与同伴进行经验交流时的表述、活动过程中遇到问题时采用的策略等，使之成为幼儿发展评价的重要依据。当把幼儿参与活动的过程、幼儿的发现、幼儿探索的成果，通过环境、画册、展览会呈现给家长、同伴和老师时，评价已不是一张表格所能包含的，它不仅是课程重要的组成部分，更是一种灵动的评价方式。不仅能促使孩子积极与他人分享经验，在与人交往互动的过程中获得发展，同时，也使教师真正成为一个主动的课程构建者，把自己的教育行为放到真实的情境中进行反思，以更好地调整教育行为，优化教育方法，更好地促进幼儿的成长。

当然，课程评价的实施者应该是多元的，我们可以有效地利用家长资源，依托家长的观察，协助我们进行更为全面的信息收集，从而实施更为有效的记录和评价。如让家长将孩子在家的表现、一起讨论的问题、发现的秘密等记录下来，带到幼儿园与大家分享。在每个活动中，可利用调查表、记录表、活动建议书、活动征求意见表等许多方式让家长一起参与评价工作，使家长成为教育评价的主动参与者。

思前——课程游戏化告诉我们要做什么

自江苏省教育厅、财政厅下发《关于开展幼儿园课程游戏化建设的通知》，要求幼儿园围绕明晰课程游戏化理念、改造课程游戏化方案、创建课程游戏化环境、构建游戏化活动区域、建设课程游戏化资源、提高课程游戏化能力等六方面来进行项目园建设。随着项目建设的不断推进，全省各幼儿园对课程游戏化建设理解逐步趋向一致，项目建设目标与思路越来越清晰。伴随着课程游戏化建设的深入，我们需要厘清：课程游戏化建设，到底需要我们做什么？

（一）对课程游戏化建设的观念认知

1. 游戏化建设的总体趋向

幼儿园课程游戏化建设重点围绕幼儿园课程的全面改造与优化，从环境建设、课程设置、课程内容、课程保障、课程管理等多方面全面推进。教师需关注幼儿是否生动、活泼、主动地参与活动，并帮助幼儿在多种多样的活动过程中体验感受、操作实践、积累经验、获得成长。通过倡导游戏化、生活化取向的幼儿园课程，引导幼儿园建设自己的园本课程，使其更符合《纲要》的精神，突出生活、游戏与幼儿的经验，让幼儿的学习更具情境性、趣味性、主动性与成长性，让幼儿的童年变得丰富、快乐而有意义。因此，课程游戏化建设的总体趋向就是建设有质量的幼儿园课程。

2. 有质量的幼儿园课程的主要特征

（1）幼儿为本。幼儿园课程的质量在于能否真正促进幼儿的发展，因此，课程的出发点必定是幼儿，幼儿为本是幼儿园课程必须坚守的根本信念。幼儿为本意味着为了幼儿，从幼儿中来，在幼儿中，是贴近幼儿的发展目标、适宜幼儿学习的内容，是幼儿喜欢的方式，幼儿是行动的主人。这就需要深刻地理解幼儿，从儿童的立场、儿童的感受、儿童的视角思考幼儿喜欢什么，幼儿需要什么，幼儿能做什么，幼儿做了什么，幼儿做得怎么样……如此来建构幼儿园课程，让孩子置身于快乐的生活和游戏之中。

（2）快乐有趣。有质量的幼儿园课程一定受到幼儿的喜爱，它必定是愉快的、有趣味的。愉快和有趣根植于深层的幼儿园课程理念之中，在于其是否具备了游戏的精神。游戏精神[1] 是一种童年的精神，它以一种完整与和谐、自由与创造的精神倾向，赋予儿童生命与成长。缺失了游戏精神的学前教育，实际上就是对于儿童天性和成长秩序的漠视和背离。因此，倡导富于游戏精神的课程，必定遵循幼儿身心发展特点，尊重儿童兴趣，珍惜幼儿生活，尊重幼儿游戏权力，引导幼儿在真实的生活、游戏过程中积极、主动地参与学习，增长自主、自信、愉悦的内心体验，获得成长的快乐。

（3）丰富多样。幼儿园的一日活动皆课程，每一环节幼儿正在经历着什么，这些活动是否有意义和有价值，正是质量之关键。我们知道幼儿园课程从某种意义上来说就是幼儿获得各种各样经验的过程。只有活动的内容、活动的形式、活动的环境、操作的材料富有探索的价值，才能最大限度地满足幼儿通过直接感知、

---

[1] 丁海东：《论儿童的游戏精神》，《山东师范大学学报（人文社科版）》，2006年第1期，第78-79页。

实际操作、亲身体验的方式获得丰富多样的经验，有助于幼儿在原有经验基础上的扩展和更新，课程对幼儿才具有意义。因此，幼儿园课程的丰富多样，是引发幼儿学习兴趣和发展潜能的重要基础。

（4）弹性灵活。幼儿的兴趣、能力、情感、态度每时每刻都在发生变化，固定不变、预设性很强的课程是不能适应幼儿的发展需求的。课程实施的目的性、计划性需要有效地针对当地、当时及当前的幼儿，因此，课程的设计与组织需要教师灵活弹性地来把握。及时追随幼儿的兴趣、生活和经验，更多关注幼儿发展的任务是什么，幼儿可在哪些方面得到发展，教师如何为这些发展创造条件、提供机会，提供哪些必要的知识经验等。

（5）全面适宜。幼儿园的教育目标是培养全面和谐发展的儿童，这个目标的达成主要依托具体实施的幼儿园课程。因此，幼儿园课程的设计，必须关注幼儿的全面发展，兼顾五大领域的全面发展目标。同时，课程是为幼儿设计的，不同年龄、不同地域、不同家庭背景的幼儿，知识经验背景不同，目标与内容的适切性需求就有差异。所以，有质量的幼儿园课程，课程定位的幼儿发展目标应该既注意一般年龄段的适切性，同时关注到幼儿的个体差异，发展目标是多维度的、多层次的，是持续发展可调整的。

（6）动态发展。幼儿园课程的质量观，其本身并没有一个标准化的度量衡，只是一种观念、一种意识、一种发展中的状态。当幼儿园课程更尊重幼儿的兴趣与需要，更关注幼儿的生活与游戏，更符合幼儿的身心发展规律与学习发展特点，更贴近幼儿的实际发展水平，这个课程的质量就更高一些，反之则逐渐远离期望与期待。所以没有一个所谓的现成的最好的课程，有质量的幼儿园课程是建设出来的，是在原有课程基础上不断反思、诊断、改进、优化而来的。

（二）幼儿园的实践方向

幼儿园的课程建设思想与路径，应有核心要点，可以着重从以下几方面入手：

1. 教育观念的更新

明晰教育理念是首要的，它是一切行动的方向。幼儿园课程的改革与实践、教师的专业能力与水平是基础和保障。幼儿园在建设过程中务必坚持理念先行，将提升和优化教师的专业能力作为课程建设的先决条件。幼儿园的师资团队建设体系主要包括：

（1）幼儿园课程建设管理团队。观念的转变与更新需要自上而下，幼儿园从园长开始要形成行动机制网络，管理团队明确职责，组成共建指导小组，全面负责幼儿园的专业理论著作的推荐、学习交流的组织、各类对口专业的研训等，把握理念优化的总方向与总进程。

（2）园内业务骨干团队。幼儿园要形成自己的专家团队，园内的各级骨干教师要积极发挥他们的骨干辐射作用，可以通过园内讲坛、同伴对话、现场展示等多种方式形成良好的共进氛围与环境。

（3）园内年级课程审议组。年级组是一个十分特别的行动小组，因教师们面对的是同年龄段的幼儿，对此阶段幼儿所具有的年龄段基本特征、主要需求、表现特点等有共同的感性认知基础，因此，教师间有很多对话的基础。但每个班级又存在或多或少的特殊性，所以，观念认知会有差异，这样一个群体的思想碰撞是极具价值的，要形成年级组定期的研讨、交流制度。

（4）班本课程建设小组。这是最基础的核心组织，课程的落实归根到底在班级一日活动中，班级教师观念的转变是根本，要形成班级保教人员之间相互交流、讨论、协商的习惯，以利于理念到行为的协调一致。

（5）外援建设团队。本地、外地的专业对口专家团队是我们的助力军，我们可以争取把专家请进门，组织专项指导与培训，针对本园的实际情况有针对性地解决问题，寻求理论支持；用好省课程游戏化交流平台等各种有效资源，积极进行园际交流；积极参加省、市、区教育行政部门、教研部门组织的相关对口培训等。

2.课程结构的调整

课程游戏化需要彻底改变小学化的倾向，必定要进行课程结构上的调整，主要抓手为：

（1）作息时间的安排。为更好地适应幼儿的发展，我们要审议原有的一日作息，使其更灵活、更贴近幼儿活动的需要。要鼓励教师弹性安排一日活动，打破传统的框架，鼓励幼儿在活动中自主管理时间，使师幼共同成为时间管理的主人。

（2）活动形式的调整。根据课程实施的需要，灵活地进行集体、小组、个别活动间的转化与更替，改变集体教学为主的模式，支持幼儿在操作中学习、在生活中学习、在游戏中学习，保障幼儿的游戏时间，在各种各样的户内外环境中提供幼儿探究操作、观察记录、模仿扮演、交流表达、分工合作的机会，灵活而多样化地实施。

3.师幼关系的变革

在课程实践的过程中，良好的师幼关系在很大程度上影响着幼儿的发展，教师与儿童的互动关系可以有力地预测儿童的发展水平。教师的角色并不是一成不变的，而需要随幼儿的实际情况随时转换，不断发生变化，可能是一个引导者、合作者、学习者、记录者、欣赏者，或者只是一个倾听者。笔者认为以下几个角色显得尤为重要：

（1）观察者。在长期的教育实践中，教师缺乏主动进行幼儿观察分析的意识，没有在活动中形成观察幼儿的习惯，缺乏系统的观察方法和科学有效的策略。课程游戏化的主旨是有质量的学前教育，质量的核心是幼儿发展。幼儿教师当前最需要补课的就是对幼儿观察与发展评价分析。观察方法不是一时半会儿就能学习掌握到位的，它是一项专业性十分强的内容，需要幼儿园花大力气，扎实地开展幼儿行为观察的系列专题研究，在观察、解读幼儿的实践过程中熟练运用，逐渐建构，逐步提升。

（2）对话者。能触发幼儿的学习兴趣，引导幼儿发起有意义的探究，需要的不是一种居高临下的不平等状态，而是平等的对话；不是灌输，而是与幼儿分享。只有充分地了解幼儿，适时关注幼儿的当前需要与当前生活，与幼儿站在平等的位置上，师幼共同探索新知，相互作用，相互交流，才可能形成有意义的对话。这种对话有助于教师及时准确地分析与回应幼儿的疑问与需求，随时有效地给予幼儿必要的帮助。

（3）支持者。课程的主人是幼儿，教师的责任是引导幼儿主动卷入课程，全神贯注地置身在课程活动中，深入探究，丰富体验，创造表达，拓展经验，感受学习过程的快乐。因此，教师更需要做那个支持儿童成为课程主人的人，而不是满足于"教"的表象，满足于即时的习得效果，而应专注于不断地引发幼儿对现有知识的不满足，努力打破幼儿的原有思维框架和原有知识经验体系，不断引发新问题的产生并及时给予幼儿自己尝试努力解决新问题的环境与材料，使幼儿始终置身于需要学习的状态中。

4. 课程环境的优化

环境是课程游戏化的关键因素，当下幼儿园环境较多反映出小学化、成人化、观赏化、单一化、范式化等不足，不能满足幼儿主动探究、积极创造的需求。幼儿园因地制宜对幼儿的活动环境进行改造与调整，主要建构策略为物尽其用。即对园所环境进行反复审议，利用好幼儿园的每一方空间，充分挖掘各种空间的幼儿活动功能，变死角为活动角，变观赏摆设区为幼儿活动区，内外兼顾，室内外相互补充，全面优化幼儿园的空间活动功能。

（1）本真自然。幼儿园的环境要为幼儿所喜欢，是幼儿的活动天地，应摒弃一些人为的高端现代、精细虚华，遵循生活的取向，更多体现出本真与自然的特性，努力改造为可充分享受阳光、空气、水的"沐浴"，动物、植物、自然物应有尽有的自然生活空间，要尽可能为幼儿接触自然、置身真实的生活提供便利。

（2）丰富多元。幼儿是在环境中成长的，理想的课程环境应该帮助幼儿尽可能多地获得多种有意义的经验，这为幼儿园课程环境改造明确了努力的方向：摒弃原有的整齐划一、单一重复的环境构建理念，挖掘幼儿园所有空间的课程价值，尽可能以不同的地貌、不同的材质、不同的品种、不同的排列、不同的结构等多样化的方式，让幼儿园的每一方寸都变得灵动起来，拓宽幼儿的生活经验，积累丰富的体验感受，让环境真正成为会说话的课程。

（3）个性园本。一个幼儿园一定带着自身特有的气息与特色，离不开它的地方特色与时代背景。课程环境要充分尊重地方文化、园本文化，基于本园实际，充满个性地来建构，体现出因地制宜、因园制宜、因时制宜、因人制宜的环境特色与氛围，架构充满生机的个性课程环境。

5. 课程资源的建设

课程资源是有利于实现课程目标的一切因素，是课程内容的来源和实施课程的条件保障。课程资源库就是教育教学资源的综合库，资源的种类、数量直接影响到幼儿经验的获得，影响到教育目标的达成。幼儿园要树立课程资源建设的意识，一方面统筹周围生活中的各类实物资源、社会专家资源和网络信息资源等，形成内容科学、管理有序、应用有效的幼儿园课程资源库。另一方面，要关注课程资源建设的过程，形成收集整理的习惯，及时分类归档，逐步累积，不断优化，为课程实践提供服务与支持。

想后——园本课程建设，我们怎么做

入园初期，经过整两个星期对幼儿园内外部环境的实地察看、周边环境与资源的分析，察看各年龄班幼儿的活动与活动环境，对幼儿园初步印象的主要诊断分析如下：

1. 室内面积、活动场地条件尚可，能保障幼儿的基本室内外活动。

2. 适宜游戏化课程的内外环境明显不足，主要表现为：

（1）场地材质单一，塑胶为主；活动器械、游戏材料缺乏；支持性的橱柜设施短缺，尺寸大小不合适幼儿操作。

（2）绿化面积足但品种单一，适宜幼儿观察学习的花草树木严重短缺，大面积为观赏绿篱，幼儿活动受限制。

（3）幼儿活动的公共走廊面积较大，利用率很低，基本闲置；多种学习与游戏的公用活动场室短缺，仅有的图书室、科发室、美术室基本空置。

3. 教师师资队伍总体年轻教师居多，缺乏课程意识，缺乏骨干教师，缺乏课程实践与课程开发经验，所带幼儿活动比较传统，幼儿所获活动经验较为局限与零散，总体课程质量水平低。

4. 地处城市规划与建设新区，富有城市产业、社区服务、社会组织资源等，但尚缺乏挖掘周边可利用资源的意识与行动。

（一）基于现状，进行可行环境优化规划设计

1. 确立文化取向与课程愿景——"养正气，成完人"

因幼儿园在"养天地正气，法古今完人"的苏州大学得天独厚的文化滋养背景下，"养正气，成完人"，让每一个儿童在这里经历快乐而有意义的童年，健康而自然地生长成为幼儿园特有的文化气息。由此生发出"雨润万物，滋养童年"的"养润教育"，以"养"和"润"为最重要园本课程价值取向。课程内容根植于"养"，以幼儿良好习惯的养成、文明礼仪的培育、思维品质的拓展为园本课程的内容之源；方法与手段蒙自"润"，以优秀的文化传承、丰富的环境浸润、源自爱与美的实践与行动为园本课程特有的切入口，在预设与生成两种园本课程的实践中，滋养每一个孩子和教师获得幸福快乐的成长体验。

2. 形成特有的课程理念与课程架构——"慢慢来，悄悄长"

自园本课程定位为"养润课程"，对课程的理念与架构就有了更为清晰的认识，我们坚信园本课程应着重体现对教育本真的追求，体现遵照教育的自然规律，带着儿童"慢慢来"；遵循儿童的成长规律，在理解儿童、观察儿童、了解儿童基础上实施师幼共建，润物细无声，持续推进儿童在自己原有水平上"悄悄长"。

（二）务实的环境优化与渐全的资源重构

我们充分认识到园本课程建设有赖于学习环境的优化与课程资源的支持。剖析现状、从实际出发是优化与改造适宜课程环境的特有之径。经过对幼儿园园本课程资源的广泛调查、对园本师资与幼儿生源的深入分析，我园实践了基于现状的极具创造性的资源优化完善改造方案：

1. 第一阶段：构建有益于幼儿自由生长的美育森林

（1）优化园所课程环境。针对原幼儿活动面积不足、游戏活动场地匮乏现状，进行空间重塑规划。去除了不利于幼儿自由安全活动的绿篱，恢复草坪，增加山坡、小河、泥地及多种材质活动场地；更换多种果树、四季花木，种植各种蔬菜瓜果，饲养小动物。利用走廊、大厅、楼梯、角落创设幼儿可操作、可探索的空间，创设能满足幼儿发展需求的优质园所环境。

（2）活化园所活动室场。针对原幼儿游戏功能活动场零散、数量不足现状，以整合式、系列化、室内外联动等不同策略开发和完善了美术天地、室内外沙水、玩泥、建构、户外舞台、种植园、草坪游戏区等15个开放式活动室场，加强每个空间的课程环境规划，落实开放式及预约制的弹性管理制度，变闲置场所为幼儿多元发展的游戏场所。实现园所无死角、处处有课程的活环境。

2. 第二阶段：动态梳理和构建幼儿园特有的课程资源库

（1）形成特有的园本课程资源地图。园内外资源系统归类，逐个梳理包括幼儿园周边3平方公里以内有价值的多种特有教育资源。在此基础上，对每一个资源进行分析，对照《3—6岁儿童学习与发展指南》（以下简称《指南》），把利用资源对幼儿进行的可能性教育机会进行深度挖掘，分别规划设计集体活动、区域游戏、日常生活等各种教育活动展开的可能性预设，形成园本独特的课程资源。

（2）合理布点系统建设课程资源库。根据资源运用需求与材质特点，以年龄班、室场位置、楼层差异、园舍特点进行充分审议，反复论证，系统建设了包括工具材料、自然材料、废旧材料、半成品材料、成品材料、软件材料（图书、图像、音频、视频）等6个不同功能的动态资源室，使课程活动所需的物质支持唾手可得。

三、系统的课程实施与全面的质量提升

我园以"追随式""递进式""反思式"三种实践策略，从园、年级组、班级不同层面进行课程的预设、规划与课程的灵活建构，慢下来，扎实地开展课程活动，引导幼儿深入其中，观察、讨论、记录、反思多元策略行进，不断衍生、不断生长的活动，使孩子们经历课程的过程，感受成长的自己，逐步推进园本弹性课程、班本预设课程建设的进程，不断反思，逐步提升课程质量。

1. 开创系统化的系列开放室场课程

利用幼儿园15个开放式室场、27个户外活动点位，以整合式、系列化、室内外联动等开拓性的思维与创新性的策略开发和完善了美术室场六大区域联动活动课程；室内外一体化玩沙玩水主题课程；幼儿室内舞台、童话绘本剧舞台、户外表演舞台给幼儿提供了多种不同的表演经验；室内外主题建构活动、科探长廊游戏活动系列，玩来玩去、摸来摸去、动手实践、过去现在、各种各样系列专题

课程;草坪游戏随心玩乐挑战营地课程。每一个活动室场通过环境规划、材料投放、活动规则、课程实施、故事分享、管理制度等一系列研讨,形成了富有园本特色的、以班级预约制场室活动与班级活动有效衔接、相互关联的课程设置与课程作息以及各年龄段有意思的多元课程系列。

尤其重要的是,在园所环境优化与改造中,我们实践了珍惜儿童身边资源的课程理念,将改造的过程作为特有的课程资源,孩子的课程活动伴随着观察园所改造的变化,积极参与环境的设计,与各种不同人员的真实互动,资源运用开拓了原有的分离式思维,真正让幼儿成为环境的主人。

2. 深挖可行性、有价值的园本主题活动方案

依托园本特有课程资源,我们改变师幼学习习惯,优化师幼互动质量,在深入观察幼儿、与幼儿充分交流过程中把握幼儿的当前兴趣与生活经验,有目的地选择有价值的话题,师幼共同探讨、分组研究、集中智慧、分享经验。如因幼儿园饲养场生发的《小羊和小羊的家》课程,因改建种植园生发的《小鱼的家》课程,因幼儿园环境生发的《幼儿园的洞洞》《幼儿园的柜子》,因生活对话引发的《小蚂蚁日记》《草坪游戏我来了》《我秀户外舞台》,因周边环境生发的《高铁北站》《优步小区探秘》等,预设与生成相融,日常生活与游戏整合,充分尊重园本资源与幼儿当前生活的养润课程活动方案不断得到更新与发展。

3. 研发追随式、可持续的养润课程园本教材

依据"眼有美、心有爱、行有思、动有法"的养润教育幼儿发展目标,我园自主开发了融日常生活的"美妙一刻"园本教材,形成了一系列如"春天""劳动""爱与感恩""成长""希望"等多个主题的融文学、美术、音乐于一体的园本审美活动教材。

4. 探索经验沉淀、反思追随的课程叙事新策略

在养润课程建设的过程中,我们班班有专题研究,人人参与探索与实践,幼儿园专设园本课程研究部,不断积累经验,总结梳理,引领教师不断在反思与过程中获得课程建设的经验,我们的创新策略有建立班级课程教师故事本,班班撰写课程日志;设立幼儿故事本,幼儿人人参与课程故事记录。师幼同行的课程故事记录与分享新模式正在有力地推进师幼有感动、有回忆地悄然成长。

想后——课程游戏化背景下，我们怎么做

虞永平教授在《课程游戏化只为更贴近孩子心灵》[1]指出：课程游戏化不是重新设计一套游戏化课程，而是对现有课程的提升、改造和完善。哪些需要提升、改造和完善，就需要我们立足园本，进行自我剖析，找出缺陷与差距。我们需要站在儿童的视角去认真审视现有课程是否体现自由、自主、创造、愉悦的游戏精神，幼儿是否真正成为学习的主人，我们的课程设置与实施是否有助于满足儿童发展的需要，这些是我们必须去思考清楚的问题。以我园开放式室场活动的园本化建设历程为例，我们来反思行动的效果。

（一）审视现状，发现问题

我园是一所新建园，年轻教师多，课程设计与实施能力与经验不足。幼儿园班级多，活动室场不足，在一日活动中幼儿游戏与活动的空间总体缺乏。为了满足幼儿多元的活动空间需求，我们挖掘现有空间条件，改建增设了包括室内外美术乐园、玩沙玩水、建构天地、科学长廊、表演舞台、探索乐园、种植小院等15个开放式活动室场。就当前的师资能力水平来应对多样的幼儿园室内外开放式活动室场活动，我们发现了很多具体实施的困难：

1. 室场建设与管理不够完善

在初步改建室场，材料基本投放到位的基础上，每一个室场还未及时进行细致的归类和有序的分布。室场环境内的适宜课程内容、活动进程与班级活动协同一致的构建还有待完善和细致的梳理。

2. 活动时间固定，不够灵活

虽然活动室场较多，但相对于较多的班级数来说，资源仍然尚显不足。为保障各班能有序进入活动室场活动，有相对均衡的活动资源，避免活动时间重合，我园由教研部统一协调，制定了各班进入各活动室参加活动的作息安排表，各班根据园部的统一安排按时进入活动室组织活动。这样的课程设施还是非常缺乏弹性，不能根据班级实际需要进行灵活的调整。

3. 部分室场利用率不高

据我们的观察发现，时常被教师选择使用的室场多为娃娃书屋、玩水玩沙、户外骑行、室内建构。教师认为带领这些活动室的活动，材料较为简单，没有特

---

[1]虞永平：《课程游戏化只为更贴近孩子心灵》，《中国教育报》，2015年6月28日。

别的组织难度，自己比较容易掌控。而科学长廊、室内外美术区、娃娃表演舞台、户外建构、户外自由游戏场等不受大家欢迎。教师们感觉这些活动室场材料复杂，内容多样，组织有难度。因此，当班级被安排在这些室场活动时，教师往往选择放弃，部分室场利用率不高。

4. 教师缺乏组织活动的专业能力

因缺乏对相关室场活动组织的经验与具体的研究，教师对活动室环境与材料不够熟悉，往往不知道室场活动如何与班级的课程相衔接，更缺乏利用室场资源进行个别或小组活动的设计能力，对室场的分组分区域活动组织驾驭有困难。

（二）直面现状，寻求支撑

当我们拥有较丰富多元的环境后，如何利用资源让课程更贴近幼儿生活，贴近幼儿的发展需求，让幼儿获得更多运用多种感官探究、交往和表现的机会呢？我们需要回到《纲要》和《指南》，重新基于现状、立足园本来直面问题，努力寻求解决问题的思路，探究问题解决的方法，借助多样的方式来协助，以便我们的新老师尽快适应环境，转变观念，获得有效的经验支持。

1. 检索辨方向——适切借鉴

在全省课程游戏化建设的大背景下，各项目幼儿园积累了很多相关的经验与有效的方法，我们不必求新求异，而要寻求对我们幼儿园最为适宜的方式。我们进行积极的检索，通过微信、幼儿园公众号、参加课程游戏化培训等各种渠道了解其他幼儿园的不同策略与方法，进行适切性分析，从中汲取营养，取长补短。他山之石，可以攻玉。我们采用借鉴学习的方法，对弹性灵活的课程实施策略有了更为直观清晰的认识与园本化的解读。

2. 书本求真知——理清思路

理论学习是重要的理性支持，在诸多的理论著作中，我们认真选择，努力学习，《游戏和儿童发展》《课程图景》《课程设计技术》《幼儿园创造性活动课程》……这些著作的自主阅读、集中阅读、重点剖析，让我们理清了思路，明晰了方向，对一日活动的组织与实施形成了较为深刻的认识，集思广益带我们走近了弹性课程，走入了课程灵活实施的具体实践中。

3. 研讨找策略——预约制产生

如何改变现状，给予幼儿最适宜发展的环境与课程；如何解决教师的困境，给教师以最需要的协助。我们认为：课程应是弹性而灵活的，应是满足幼儿发展需求而设置的，固定不变、按部就班模式的设置显然有缺陷，也影响教师主动性的发挥。经过集思广益的思考与论证，开放式活动室场预约制应运而生。我们增加了一块幼儿园开放式活动室场预约墙，把幼儿园室内外十多个活动室场对班级进行完全开放，每天从上午 8:30 到下午 4:00，总计设置 5 个活动时间段，每个时间段不少于 40 分钟。每周五下午各班根据下周教育计划进行按需预约，并一起协定了预约规则，包括活动材料准备、与相应室场负责人对接、室场秩序的维护等。

（三）反观实效，基于实践再审议

在开放式室场预约制启动后，我们经过观察与教师的反馈，发现依然存在不少问题，主要体现在：

1. 操作便利显不足

起初我们在一楼大厅用 KT 板设计了一张大大的表格固定在墙上，纵向与横向分别为各游戏室场和每天游戏时间段，各班教师与幼儿共同制作了具有班级特色的预约卡，在预约板和预约小卡片上采用子母扣的方式来实现更改。由于班级数多，每个班每周需要好几张预约卡，这些卡片就分别装在一个小盒子里，放置在展板前。操作以后我们发现问题不断：如小卡片容易丢失；子母扣不够牢固，来回粘贴很容易脱落；每班一个小盒子易被风吹翻，卡片散落一地，不便于管理。

解决对策：环境材料再优化。经过讨论，我们改进了环境与操作材料，变 KT 板为铁质板，预约卡为磁性贴，并在墙上固定了有机玻璃插片袋，内装多片小磁铁，磁性插片自然吸附在一起不易丢失，磁贴反复粘贴不易损坏，也不受风吹影响。各班一个袋子排列整齐，美观又便于操作与管理。

2. 狭义预约欠主动

大家约定每周五下午进行预约，表面上看活动开放了，安排根据班级需求弹性了。但我们反思发现，教师更多考虑的是使用室场的时间，多为教师根据预设的周计划进行预约，主要操作都让老师包办代替了，幼儿参与性少。同时，在课程内容使用室场安排上，我们把问题简单化了，把预约狭义化为仅是地点的预约，还未体现真正的弹性课程内涵。

解决对策：弹性课程显本质。弹性课程的本质是能追随幼儿的发展需求灵活地设置，让幼儿成为课程的主人，体现在幼儿对课程的进展有自己的计划性，内容能符合自己的兴趣与需要。我们拓宽了对"预约"的认识，引导幼儿大胆参与讨论，一起参与预约，可以预约一起参与小组活动的同伴，预约协同参与活动的班级，孩子们常常可以跨班、跨年龄段进行活动，他们还可以预约活动室场需要开设几个分组的区域活动，每一个区域分别可以玩一些什么内容。如此开放的预约让课程的组织与安排打破了很多传统的限制，实现了真正的弹性与灵活。

3. 结果留存有缺失

各班相约一起预约，虽然进行了材料优化，操作变得更为方便了，但这样预约只实现了资源尽可能按需使用，一周以后重新预约，上周的呈现就无痕了。我们发现：具体到每周每个班级的预约情况是怎样的，持续的使用情况是如何变化的，均缺乏长效的记录与管理，幼儿园教研组缺乏对各班幼儿活动情况的了解，不便于质量管理。

解决策略：有效记录显轨迹。我们又再次在预约墙上增加了一个 A4 大小的插片袋，设计了每周预约记录表，让每个班级的老师和孩子预约后在表格中同步进行简要记录，让预约结果得到留存。持续一个主题后，教研组对各班活动情况及教师活动室的游戏观察记录进行综合的分析与评价，动态了解各班室场活动的效度。

（四）反复研究，基于行动的专业能力提升

开放式活动室场的自主有效运行，有赖于专业的教师队伍，如何让教师理解并有效落地实施，使活动组织能力得到相应的提升呢？我们在反复研究的路上积极成长。

一研：教师是在具体感受中得到营养，在主动思考中获得成长的。我们始终把主动权交给一线的教师，让教师在实践中带着研究的视角去思考，在善于发现问题的习惯中自我反思，主动寻求解决问题的方法。通过教师间积极的互动、有效的对话，在共同研讨中吸取同伴的智慧，形成有效的方案。

二思：引导教师去思考，专业的教师一定是有思考习惯的。当教师能发现问题，对问题产生研究的兴趣，他就离专业又近了一步。我们让教师在真实的活动现场、在具体的教育情境中观察情状、发现问题并主动思考解决问题的策略，有思考的教师必定会成为充满智慧、富有经验的教师。

三辨：让教师去进行行为反思，有争论、有思辨才会越真实而正确。我们鼓励教师有不同的想法，倾听不同的声音，当有意见和分歧时，我们让教师进行积极思想碰撞，通过思辨讨论，列观点谈想法，在说服对方的过程中让自己的思路更清、想法更明，也更有自己的专业态度与专业认知。

四行：行动是最为关键的一环，没有行动就是空想，不能对幼儿起到实质性

的作用。我们在开放式活动室场的运行中，一方面让教师出管理方案，由分管教师承担主要的室场管理工作，独立地进行思考与室场内部操作材料投放的设计与物品资源的维护，使教师有较强的统筹思维与管理能力。另一方面，让教师充分地运用室场条件引导幼儿参与活动，在活动中认真观察，发现问题，与幼儿进行有价值的互动，与管理人员进行必要的对话，形成多向交流协作的室场活动行动模式。

（五）再辨园本课程建设的实质与内涵

1. 辨明建设的目的——提升质量是核心

园本课程建设的本质是提升保教质量水平，促进幼儿的全面发展。对幼儿来说，至关重要的就是一日活动的每一个环节教育价值的挖掘，让一日活动的各个环节发挥有效的作用，给予幼儿成长以最大限度的支持与推动。我们在研究园本课程建设中，不断寻求"慢慢来、悄悄长"的课程文化根植土壤，让课程得到合理的设置与科学的质量管理，始终以幼儿的丰富、有趣、有价值的经历切实提升一日活动的质量为核心，由开放式活动室场作为一个有效的切入口，从探究开放式活动室场活动内容选择、活动安排、活动组织、活动成效等多方面逐一进行反复的研究与实践。经过观察、调整、再实践与反思的持续研究过程，让班级活动与开放式室场活动的经验得到有效的互通与衔接，让幼儿在不同的活动空间得到不同的有连续性的"生长"经验，让幼儿的一日活动变得更为连续、互通，使幼儿的零散经验通过多种活动的递进而逐步形成更为系统和统整的经验团，让幼儿在亲身体验中"慢慢长"。

2. 回到课程的本质——活动主体是儿童

课程游戏化的重心是让课程成为儿童的课程，成为满足幼儿随时生发的发展需求的自己的课程。我们在一日活动组织与指导的过程中想得最多的问题是：课程还可以是另外的样子吗？幼儿可以在一日活动中变得更为主动与自主吗？伴随着这样的思考，教师们在逐渐转变认识，观念在不断更新向前，行为在不断有意退后，把儿童推向一日活动的主要位置上，让幼儿有更多的选择，让幼儿有更多的空间与学习机会，让幼儿在一日活动过程中感受到被尊重、被理解、被重视、被发现。孩子们在经历一个个挑战、一次次锻炼的过程中，逐渐学会了与同伴合作，一起完成较难的任务，慢慢养成自己独立思考、有自己的创意的习惯。一日活动中，有很多的时机可以让幼儿成为活动的主人，而教师在助推幼儿成为主人的路上，意外收获到有目的地放手之后的育人之乐。

3. 辩证科学的实施——专业能力是保障

一日活动的组织与指导，需要弹性与灵活，但我们深知这弹性与灵活并非无原则任西东，灵活来自更多更全面的预设，对幼儿的解读与理解的到位，方能随机灵活地应对幼儿的发展变化；对幼儿的观察细致深入，才能把握幼儿的即时所需而做出适宜的判断与行为指导。因此，这样的弹性与灵活是辩证统一的，需要我们用专业去思考和判断，用科学的课程观去灵活驾驭课程，有随时生长的习惯与能力，更有随时选择、灵活设计、全面构建的能力。

"养润教育"园本课程在"慢慢来、悄悄长"的文化内涵映照下，促使我们努力在幼儿一日生活中追随儿童的兴趣，发现儿童的需求，支持儿童的深度学习。我们走得很慢，但我们深深感受到这种行走的坚实有力。让师幼的呼吸与园所的发展息息相通，让幼儿园的每一个个体都得到滋养，获得发展，我们实践了一条真实的"依园而建的园本化课程建设"之路。

第二章　课程环境改造

环境应孩子的学习需求而设

"我们所在的环境影响我们的情绪、建立关系的能力以及工作和生活的质量——甚至是健康。早期集体环境,对儿童的学习与发展起着特别重要的作用。"[①]百科全书对环境的解释是:"环境(environment)是指周围所在的条件,对不同的对象和科学学科来说,环境的内容也不同。环境可以激发潜能,在很多时候我们甚至可以说,人是环境的产物。尤其对以实际操作活动和直接经验为心理发展基础的幼儿来说,其受环境的影响更大。"《纲要》明确地把"环境是重要的教育资源,应通过环境的创设和利用,有效地促进幼儿的发展"作为幼儿园的组织与实施策略之一。

课程游戏化建设推进以来,对幼儿的学习环境提出了更高的要求。幼儿学习活动的有效生发,游戏活动深入高质地开展,均有赖于适宜、科学的游戏环境的创设。可以说,环境是幼儿学习与游戏活动开展的基础,也是支撑幼儿学习质量与游戏质量的重要因素。从某种意义上来说,环境就是教师对幼儿学习与游戏的隐性指导——教师通过对环境的创设、材料的选择与投放、空间的巧妙利用来达成对幼儿活动的间接指导作用。那究竟如何有效发挥环境的作用呢? 这是非常有意义的实践探究过程。

一、"丰富""层次"两个维度的同步建构

1. 材料的丰富性决定了学习行为的多样性

每个幼儿发展水平的差异决定着每个幼儿对环境需求的不同。因此,学习环境的提供需要考虑两方面的因素,首先是丰富性。为了满足幼儿的多种需求,应

[①]【美】朱莉·布拉德:《0—8岁儿童学习环境创设》,陈妃燕、彭楚芸译,南京师范大学出版社,2014年版,第1页。

该为幼儿创设可选择的、有效刺激的环境。如理发店游戏，如果仅仅提供理发工具如吹风机模型、推子、剪子等，那相应的，孩子的游戏行为就较多出现理发、吹风等行为；如果教师还提供了洗手池、洗涤用品材料呢，就有可能引发孩子的洗发、揉搓等行为；如果再能提供卷发棒、蝴蝶结、发夹、头花等美发材料，就又可能激发幼儿进行梳妆的游戏行为了。我园的玩沙池改造，在设计的初期，我就构思了室内与室外两个不同操作实践可能的区域。室内玩沙提供了极细的泥沙，这种沙细腻、利于造型，给幼儿提供了挖沟渠、建山洞、堆高楼、建房屋等各种有意思的探索机会。而室外沙池则提供了黄沙，沙粒相对粗、散，便于幼儿探究沙的流动性，孩子们可以筛沙、铲沙、倒沙、做沙漏。因此，从很大程度上可以发现，材料的丰富性决定了游戏行为的多样性。

2. 材料的层次性有针对性地促进幼儿在原有水平上发展

材料仅仅做到丰富、多样还远远不够，对于不同发展阶段的孩子，还需要考虑到材料的层次性，以满足幼儿自主学习、主动探索的更多机会和可能，使幼儿有可能通过自己的方式，按照自己的发展进程参与到游戏过程中。对教师来说，首要的是对幼儿发展特点和个性特点把握的问题。区域化的、小组式的学习活动更多的是面对幼儿个体的，其重要的基点之一就是要充分了解幼儿的原有发展水平。因此，了解班级每个幼儿的原有经验与发展水平，是开展有效学习规划的基本前提。教师需要关注幼儿在活动中的具体表现，认真地观察、仔细地分析，从幼儿实际行为上真正了解和理解幼儿的发展水平；注意孩子纵向的发展，关注其发展的连续性、表现的差异性和接受特点的个体差异。在此基础上，教师才能有据可依，注意到材料的层次性问题，有针对性地真正促进每个幼儿在原有水平上的发展。

那如何创设有层次性的游戏环境呢？一个有效的策略是在投放游戏材料时与主题教育紧密结合。以主题学习活动为主要线索，伴随主题研究的深入与新的进展情况，根据幼儿当前的兴趣和能力水平及时进行调整与更新，使游戏材料的提供与幼儿的学习内容密切相关并相互影响，充分体现出层次性、递进性。如小班开展《美丽的小伞》主题活动时，首先，老师可根据主题活动的进程与幼儿一起建构《小小伞店》游戏，刚开始，可以与幼儿一起收集各种小伞和伞的图片、画册，将小伞投放于伞店，进行买卖游戏；其次，可引导孩子细致地观察小伞花纹、图案，以此为经验基础，教师可提供各种平面的伞面及多种装饰材料如各色印章、彩色纸、各种颜色的自贴纸图形等，引导孩子进行伞面图案的设计，进行按规律排序的装饰；再次，可进一步运用孩子习得的装饰图案的新经验，引发进行伞店订货游戏，依据"小客人"的需求，灵活地定做不同图案的小花伞，以此发展幼儿综合运用已有经验与认知，进行自主的创造与表现。因材料的不断变化，适宜的挑战定然会激励孩子不断创新，且乐此不疲。如此的游戏，既满足了幼儿社会交往的需求，又促进了幼儿通过自己的操作建立和内化伞面花纹排序的规律。当然，材料的层次性还能进一步得到更新，如继续投放从平面到立体的伞面，从单人设计的小伞面到多人合作设计的大伞面。通过多层次游戏材料的提供，不仅满足了不同发展水平孩子的需求，更有目的地逐步提升挑战难度，使幼儿真正在游戏的过程中获得发展。

3. 同一环境中的多维设计

对于同样的环境，对不同的儿童来说，操作实践的机会可以有不同的设计与规划。很多幼儿园均有公共活动空间，对于不同年龄段的孩子，我们需要研究材料投放的层次性问题，以利于不同幼儿在相同环境中得到应有的发展。就我园的展示大厅来说，我们的环境与材料投放理念坚持一个原则：大厅不仅是用来给孩子们驻足欣赏的，更应成为孩子积极创作、大胆实践的场所。如在秋日，我们把大厅创设成"秋天的果园"模拟情境，同样提供了水果、各色彩纸与纸笔等材料，但我们给小班的娃娃建议进行秋天果园观赏活动，鼓励孩子们在果园看看认认、摸摸闻闻，尝试把水果放在水果摊上布置水果店。中班则建议孩子们把水果按一定的数量进行多样的造型，可以平铺、可以叠放，在感知数量的同时，发展幼儿的空间知觉。大班则建议孩子们利用纸张、颜料、画板、橡皮泥等材料，通过观察进行各种水果造型的写生、创作等。可见，分阶段有层次的多维设计，为不同儿童的可能性发展提供了有效的支持。

二、"计划""干预"两个方面的学习推进

1. 宽松自由来源于设计和规划

幼儿喜欢的学习与游戏活动是充分自由、自主的活动。因此，适宜的学习环境的创设应是宽松的，可选择的。但宽松并不意味着所提供的环境是随意的，任其自然发展的。一个好的学习环境必定既是宽松而丰富的，同时还隐含着很多的教育因素，是富有教育意义的。实践证明，教师有计划、有准备的课程环境将更有利于幼儿的互动和发展。幼儿的学习环境如果得不到不断的发展和更新，幼儿对学习的兴趣就会越来越淡，逐渐地，幼儿就会不愿意参与此类活动，或者出现在活动中追逐、打闹，进行与学习、游戏无关的内容。相反地，如果教师关注幼

儿的兴趣发展和能力水平，有计划地设计环境，给予幼儿支持和挑战，将对幼儿起到积极的促进作用。

2. 环境随幼儿的活动不断深入

"通过环境有效地'教'，要求教师同时关注班里儿童、早期教育指导方针、课程标准以及符合儿童年龄特点的教育结果。"[①] 因此，有效环境的创设中必定需要融入教师的专业与主观作为。以我园改建的"草坪游戏场"来说，在草坪游戏初始，我们和孩子一起参与收集材料、选择场地和布置环境，投放的材料是用来满足孩子基本游戏行为需求的材料，如几间简单的小屋子、一些小篮子、小地垫，锅、碗、瓢、盆等材料及小围裙、洗碗池、水龙头等日常用品材料，等等。目的在于引发孩子展开对游戏的主动探索，体验自由的草坪野餐游戏的快乐。在孩子基本熟悉游戏的场地、材料及游戏简单的交往规则后，我们就组织孩子们展开讨论，从进一步丰富游戏内容、细化游戏规则入手，如提供顾客可选择的野餐点心小书、小顾客意见书、小顾客光顾草坪游戏来往记录等材料，这些材料的提供将有助于激发幼儿交往行为的深入，使孩子的游戏兴趣有新的兴奋点，也使游戏规则、游戏行为向纵深发展。在幼儿游戏行为得到进一步深入发展后，我们引导孩子们更为自主地为草坪游戏设计游戏主题，理发店、鲜花店、野战游戏、饰品店、烧烤店都成了孩子们的"新欢"。场地如何协调，如何运用现有小屋与临时性的服务台，如何做好服务工作吸引更多的游客，如何自己灵活地改变游戏环境、更换游戏主题，孩子们提出如提供各种纸、笔等辅助材料，支持他们做广告；为孩子提供可以移动的材料箱，把游戏材料放置在材料箱中，引导孩子自己来布置游戏场地，选择需要的游戏材料。提供的小帐篷、小地垫可以使他们的游戏小店自由地变化游戏的地点，增加与不同游戏主题之间的交往机会。由此可见：有意义的游戏环境需要追随幼儿发展需要而随时灵活动态变化。

3. 不同的发展时期应有不同的侧重点

幼儿的学习有一个由生疏到逐渐熟练的习得过程，在其不同的发展时期，教师给幼儿提供环境的侧重点是不同的。在游戏与学习的初期，侧重点在让幼儿熟悉游戏材料，引发游戏动作，产生游戏行为；在游戏与学习的发展中期，侧重在鼓励幼儿增进交往，不断激发游戏行为的深入发展；在游戏与学习的发展后期，更多侧重关注幼儿熟练行为基础上的主动设计、协调、问题解决上。如此有规划的过程设计，为幼儿提供了不断向前发展的可能性，在充分感受游戏学习快乐的

① 【美】朱莉·布拉德：《0—8岁儿童学习环境创设》，陈妃燕、彭楚芸译，南京师范大学出版社，2014年版，第15页。

同时，孩子的交往能力、探究能力、规划设计能力、问题解决能力等多方面都得到了协同发展。值得注意的是：这些有规划的环境创设，源于教师的专业背景、积极观察、主动调适与科学设计。教师的积极干预和预设，不仅没让幼儿感受到控制，反而使学习环境更趋向具自由、自主的特征，这样的计划才是有效的、合理的。

三、"操作""变化"两个核心支持愉快体验

1. 孩子喜欢操作性强、可变化的材料

"给儿童的玩具应该是活动的，可操作的。让儿童主动控制玩具而非被动适应玩具。"[1] 如果细心观察，你会很容易发现，一些漂亮的成品玩具，虽然看起来很惹人喜爱，价格也比较昂贵，但这些玩具在孩子玩了一段时间后就不再具有吸引力了。而一些看起来简单甚至很不起眼的玩具，孩子却对它们乐此不疲，原因何在呢？很明显，漂亮的玩具孩子动不了，只能看看而已，而一些简单的玩具，孩子却可以将它进行开合变形，因其具有很强的操作性，孩子会对它产生很大的兴趣。幼儿是在具体动作中思维，在具体操作中成长的。同样新开设的点心店游戏，一个班级孩子玩了几天以后，想进去玩的孩子越来越少了；而另一个班级的孩子却仍然兴趣盎然。原来，一个点心店里提供的游戏材料都是现成的点心，孩子在满足了最初的买卖游戏后，环境对其就不再具有挑战性了。而另一个点心店，除了提供的现成点心外，教师还提供了油泥、各种小豆子、彩色小纸片、游戏小木棒。孩子们可以根据顾客的要求，制作顾客需要的点心，赤豆糕、梅花糕、烤肉串、三明治……他们在油泥上点缀小豆子做成漂亮的糕点，将自己制作的各种小丸子串在小木棒上做成各种有趣的肉串，用彩色纸当蔬菜夹在两片面包中做成三明治……你一个主意，我一种想法，孩子们忙得不亦乐乎。不难判断，可操作的环境让孩子在游戏中有事可做，避免了游戏动作的单一、重复和无所事事。当环境与材料更具挑战性，就给孩子创造了产生更多新问题的机会，孩子需要去面对同伴提出的各种新要求，他们能在主动解决问题的过程中获得快乐。

2. 幼儿持续深入学习需要持续不断的环境新刺激

在《0—8岁儿童学习环境创设》一书第一章关于理解环境的重要性中提到："由于新投放的材料与区域的改变，能激发儿童的兴趣，满足他们的需求，并提供更

---

[1]邱学青：《学前儿童游戏》，江苏教育出版社，2005年版，第316页。

多深入学习的机会，所以你可能需要不断地观察，并合理地丰富与改变区域。"①
因此，支持幼儿能进行不断地深入学习，需要不断地改变环境，给予幼儿不断进
行深入探索的内在动力。在我园的"科学长廊"里，我们规划了一个活动的探索
小天地，分为三个主题：各种各样、过去未来、动手实验。不同年龄段的孩子可
以在这里进行各种有意思的探索：感受物品的多样性，如不同材质的杯子、不同
款式的手套；可以来进行科技产品的排序，感受科技发展的历程，如不同年代的
电话、钟表。也可以进行科学小实验，教师每两周提供不同类型的科学小游戏辅
以实验步骤图示，孩子们可以动手制作科技产品，展开科学小探究。开放的室场、
丰富的材料、可操作可探索的环境给幼儿带来多样化的学习挑战，富有持续的吸
引力。

四、"开放""分类"两种角度设置材料区

1. 随时可利用的材料区能支持幼儿及时解决问题

由于幼儿间交往的不断深入，游戏情节的逐步发展，在学习的过程中，孩子
们常常会突发很多新的问题。要解决产生的问题，很多时候幼儿会需要材料的协
助。如果在环境中能提供幼儿可随时取用材料的材料箱或材料区，幼儿就能及时
地寻找自己所需要的材料，亦能很好地支持游戏向着需要的方向发展。材料箱所
能提供的材料是多种多样的：如纸盒、小瓶子、小篮子、剪刀、纸、笔等。这些
开放的材料可以帮助幼儿根据自己的需要进行综合、变形、改造。如在一次小班
幼儿进行的"幼儿园游戏"中，一个小男孩当上了小老师，这次他并没有像往常
当小老师的女孩子那样带领小朋友做律动、画画、讲故事，而是想要模仿教师给
小朋友点名。平时看到老师拿了点名本点孩子名字，孩子说"到"，"小老师"也
很想过一把瘾。可是，在"幼儿园游戏"材料中并没有准备这个材料，他就跑到
老师身边向老师要点名的本子。因为活动室有材料箱，老师请他到材料箱中寻找
能帮助他游戏的材料，这个小男孩很快从材料箱中找到了小本子，非常高兴地回
到"幼儿园"，开始了点名活动。在游戏中类似的事情还有很多，因为材料箱的设置，
为孩子及时取用需要的材料提供了便利，也使孩子在游戏中逐渐养成主动寻找替
代物、及时解决自己所遇到问题的习惯，这对幼儿在将来寻找方法解决问题等思
维品质来说是十分有益的。

---

① 【美】朱莉·布拉德：《0—8岁儿童学习环境创设》，陈妃燕、彭楚芸译，南京师范大学
出版社，2014年版，第22页。

2. 材料区的设置规则呈现不同的年龄差异

为了更好地给孩子环境的支持，在设置材料区时，教师可以更广泛地拓宽思路，打破传统的思维方法，尊重幼儿的操作常规和思维特点，将材料区的材料按照材料的性质或活动的性质进行适当的分隔。如娃娃家、点心店、理发店、小剧场、建筑队等游戏所需材料是各不相同的，我们就可以根据游戏活动的性质，尽可能多地收集孩子可能会需要的各种材料，投放在相应主题游戏的区角附近。也可以打破游戏主题的限制，利用较长的走廊、过道等放置多个连续材料盒，按材料的性质进行分类摆放，如木工箱、纸布箱、塑料箱、金属箱、瓷石箱、工具箱等。由于材料根据材质进行了明确的分类，便于幼儿按类取物，有助于幼儿准确、快速地寻找到自己在游戏中所需要的操作材料。多种材料的同时提供，也给幼儿创造性地综合利用多种材料提供了有效的可能，这样的创造性、综合性的材料选取活动中也在不断培养幼儿解决问题的思维品质。

五、"结构""差异"两种策略驱动深层学习

1. 材料的结构程度对幼儿游戏也是有较大影响的

高结构的游戏材料指一些图案精巧、制作考究的物品，其对拼搭的方向、摆放的位置都有很大的限制性，如大小不同的套筒，只能小的逐一放进更大一些的套筒中，它限定了只有一种结构方法，不能进行改变，只能拿来就用。而低结构的游戏材料，在摆放、拼搭时没有限制或限制很少，既可以连接，也可以拼搭，还可以组合，而且通过不同的结构方式，形成很多新的变化。高低结构不同的各种材料在幼儿的游戏中发挥的功能也是不同的，需要在游戏过程中灵活地加以组合，能有效地促进幼儿在游戏中创造性行为的发生。如在幼儿的建筑工地游戏中，如果教师只提供高结构的木质积木，如积木表面绘有门、窗等图案，虽然比较形象，但幼儿的搭建活动就会受到限制，这块积木只能用于搭建门，那块积木只能用于搭建窗，可建构的作品较为单一，并不能很好地引发幼儿的创造性思维。因此，为幼儿提供的建构积木品种需要教师认真筛选，形状类型多样，大小比例协调，内在具有一定的数理逻辑结构，轻重适度，实心镂空不一，这些低结构的积木可支持幼儿进行多样的组合、不同造型的探索，易于引发幼儿建构主题的多元化选择。当然，若能在常规积木组合基础上，再增加一些面积较大或较长的层板的支撑，就为幼儿产生层叠的建构方式提供了机会和可能，更能激发幼儿的建构水平由单层的、平铺的向多层的、高空的发展。

在其他游戏活动中也同样如此。如在"小舞台"游戏中，需要为幼儿提供一些成品的表演服装、头饰、面具等，利用这些材料，幼儿能很快地把自己装扮好，及时进入角色的演出。但如果仅仅如此，尤其是中大班的幼儿，他们会很快厌倦重复的游戏情节、重复的角色。因此，需要为他们提供一些结构比较低的游戏材料，如长长的、方方的丝巾，幼儿可以根据自己的需要把它变化成蝴蝶结、领带、彩带、披风、蝴蝶的翅膀，等等；彩色的毛莨，孩子们可以将它进行连接、弯曲，变化成手枪、宝剑、小饰品；彩色纸编织的花环、彩带等，孩子可以套在手上，也可以挂在腰间……这些可变的材料与成品材料相结合，能给孩子创设更多自主变化的空间，也使他们的游戏变得更加生动、有趣，有吸引力。

2. 结构高低不同的材料能影响幼儿的学习投入程度

"教师提供的游戏材料要满足不同儿童的需要，游戏材料要具备两个特点：一是熟悉的材料与新异的材料都需要；二是成型的和未成型的玩具材料都要准备。"[1] 如此，即赋予了材料灵活操作的特点。同样提供给幼儿的排序材料，可以是大小不一的小瓶子、高低不同的小圆筒，这些材料往往是以组合的方式提供给幼儿的，每种大小只有一个，他们取一份材料进行从大到小或从小到大（从高到低、从低到高）的排序；而同样是高低或大小不同的材料，我们可以提供同样规格的几组材料，它的结构性就明显增强了，孩子们利用它进行排序时，就可以出现很多种可能性，可以是如从大到小、从大到小的反复排序，可以是大小、大小的不同数量间隔排序，在这个过程中，幼儿能发现很多不同的排列规律。如果提供的小瓶子还能出现颜色、材质的差异，那么，可探索的变化就更为复杂。从中我们可以感受到，这些结构、高低不同的材料组合，为不同发展水平的幼儿提供了不同的条件，也为孩子的发展提供了更多的深入学习的机会。

综合上述，我们可以清晰感受到，教师确实可以借助环境实现对游戏的隐性指导，这是教育者的智慧之举，也是环境教育的价值所在。

---

① 邱学青：《学前儿童游戏》，江苏教育出版社，2005年版，第320页。

图说课程环境改造历程

大厅

1.最初的它看上去有点乱乱的，像是个乱七八糟的仓库，我们无处下脚，每天经过的时候心情一点也不好。

2.木工叔叔在国庆长假期间来了。高高、圆圆的像大木桶一样的会是什么呢？不会是滑梯吧，哈哈，好期待呀！

3.咦，又高又圆的大柱子是之前躺在地上的木桶吗？那怎么没有空格子还站起来了呢？实在太好奇谜底啦！

4.哇，原来是大树干！现在的大厅就像一片森林！走进来好舒服、好漂亮！有可以休息的沙发，还能欣赏各种作品展。

5.现在的大厅是我们最爱来的地方，有我们灿烂的笑脸，有各种各样的主题作品展，还有许许多多好玩的游戏。欢迎你加入我们，一起打造更加美观、丰富的大厅环境哟！

娃娃剧场

1. 曾经的它是老师集中开会的地方，摆满了大椅子，我们偶尔会在"爱牙日"的时候在这里听医生叔叔讲牙齿的知识。上面的高台我们上不去。

2. 后来增加了台阶和栏杆，我们就可以到上面的高台上欣赏下面的风景啦！

3. 舞台可是藏着拼接的秘密哦！大屏幕不仅能让我们的表演更精彩，老师们学习和开会的时候也少不了它呢！

4. 音乐游戏的小乐器和道具都按种类收纳在漂亮的白柜子里，墙面当然也可以展示我们平时在剧场的各种活动照片啦！

5. 现在的它可帮了我们大忙了！我们在里面进行表演，玩好玩的音乐游戏，开展各种节日庆祝活动，确定是我们自己的剧场没错啦！

美术天地

1. 曾经它只有一些家具，分区不合理，也没有水，我们在里面只能用油画棒画画和做些手工。

2. 曾经它是给老师们展示美术作品的空间，我们会在经过的时候看看有没有自己班级老师的画。

3. 后来老师们重新布局了空间，现在它拥有综合材料区、水粉创作区、拓印区、泥工区、写生区、颜色区等六个好玩的区域啦！

4. 它外面的空间是不是也变得特别漂亮了呢？我们的美术作品都被展示出来了，幼儿园的环境被装扮得更漂亮了！

宝宝书屋

1. 曾经的宝宝书屋是现在的科发室,空间很小,里面只有一些简单的桌椅,书也摆放得比较乱,排着队看书的感觉也不舒服。

2. 室外的场地没有东西,空空荡荡的,我们只会在散步的时候路过一下。

3. 工人叔叔做了一面大黑板,让我们能爬上去写写、画画。上面的投影仪还能放下来,下面的柜子里又可以放书,还能坐着看书,太赞了!

4. 对面增加了一些像小房子一样的书橱、书柜,每一格形状都不一样,好有趣!每个班还有储物的小柜子,放我们自己的阅读工具、材料等。

5. 瞧,现在的宝宝书屋可大啦,有室内阅读室,还有室外阅读区,又漂亮又温馨,是幼儿园里最受小朋友欢迎的区域之一哟!

娃娃舞台

1.原先这里也是空空的，工人叔叔运来了好多的木头，还带来了各种工具，不知道这里会变成什么样，好期待！

2.哇，现在墙上有了两扇弯弯曲曲的窗帘，地上还有两层像水一样的台阶，边上还加上了护栏，是小舞台耶！

3.挂上绿绿的丝绒幕布，装上像星星一样的顶灯，小舞台实在太漂亮了。我们还制作了一些表演的背景和道具，大家都很爱来演出。

4.我们的表演服装和道具实在太多了。快看，叔叔又帮我们建造了一座蘑菇小房子，哈哈，现在不愁东西没处放啦！

5.现在的它可以让我们实现做演员的梦，可以欣赏同伴精彩的表演，又能表演纸戏剧，和老师、朋友一起读故事，记录自己的阅读发现……实在太好玩啦！

科学长廊

1. 曾经它就是一条光秃秃的走廊和过道,我们会在散步走累了的时候在椅子上坐一坐、聊一聊。

2. 原来的椅子都搬走了,墙顶上挂下来一排吊灯,灯光打在木墙上刚好可以玩影子游戏呢!

3. 白墙上方悬挂着各种常见的劳动工具:锯子、扳手、钳子等;下面是由生活中各种各样的材料变成的触摸墙,挺好玩的。

4. 我们发现,原来触摸墙上的东西不太牢固,总是要修修补补,改进后的触摸墙又结实又漂亮,我们还能记录自己的发现哟!

5. 现在的它越来越吸引我们啦,栏杆上不再光着了,增添了各种实验器材和好玩的玩具、材料。不管是小班弟弟妹妹,还是中大班的哥哥姐姐,都能玩得很开心哦!

室内玩沙

1.曾经这里是露天的，被围了起来，里面种了一些南天竹和小灌木，我们只能暂时地在草坪上歇歇脚。

2.工人叔叔来了，把里面的植物都清除掉了，还架起了脚手架，但怎么还一直连到了二楼办公室那里了呢？

3.工人叔叔把原来的矮墙和园长妈妈办公室的顶连起来了，好多玻璃的阳光房，好期待呀！

4.窗台边还有不同的水龙头，我们小手玩脏了还能从弯弯的小路上走过去洗干净。我们希望叔叔加油快点造好，就能进去玩啦！

5.瞧，玻璃房内原来这么有趣：不仅有很多的玩沙工具，还保留了一些原来的植物，还有空调。现在我们在室内玩沙一点也不觉得晒和热，太喜欢这里了！

沙水乐园

1.曾经它是这样方方的，样子也不太好看。里面只有沙没有水，边缘还是硬硬的，有点危险，我们有点担心。

2.工人叔叔把方方的池子全部拆掉了，把碎的砖块、石头用小推车全部推走了，是要送到哪里去呢？他们还用好多砖块在沙水池里围了很多有趣的造型。

3.在泥地上铺上了弯弯曲曲的砖头小路，还砌起了像水井一样的建筑，我们好好奇到底是什么呀！

4.哇，贴上了蓝白格子的小瓷砖后，感觉有点像大海，弯弯的、窄窄的，里面不知道是不是就是玩水的地方呢？

5.谜底终于揭晓了！有房顶的沙水池，随时就能取到水，实在太漂亮、太有趣了！

草坪游戏区

1.曾经它是一块硬硬的水泥地，骑电瓶车上班的老师就把车停在这里，是要用警戒线拉起来的小朋友们不能去的"危险地"。

2.工人叔叔来了，他们清除了水泥地面，并为它穿上了小草衣裳，还造了几座可爱的小房子。

3.小厨房、桌椅、柜子、遮阳篷慢慢都来了，我们还用棕叶、茅草给小房子盖了房顶，它的好朋友越来越多了。

4.后来它还有了属于自己的特别入口和名字哦。

5.现在它每天和孩子们在一起玩得可开心了！娃娃家、花店、火锅店、服饰店，等等，每天都热闹得很！

娃娃车棚

1. 曾经这里也是老师们的停车场，地面是绿色的道板砖，小朋友们没有活动的空间，各种车子也无处停放。

2. 工人叔叔们把道板砖全部清除掉了，钻洞挖空，然后浇筑了坚硬的水泥地面。

3. 再加盖一个大大的、白白的棚盖，小车子们在新家里就不怕风吹雨淋啦！

4. 又有新朋友进入啦：带有透明小窗子的架子、不同大小和样子的停车架……车子们停得可整齐啦！

5. 现在这里的小车子越来越多，我们的骑行游戏也越来越丰富：交通警察、洗车工人、修理师傅、极速滑板……有时候就连老师们也都忍不住加入一起游戏呢！

小 河

1. 这里原来也跟种植园一样是一片灌木，孩子们只能路过时看看瞧瞧。

2. 工人叔叔来清除了灌木，挖了一条弯弯、长长的小河，还在河底铺了用钢筋扎的网格。

3. 叔叔们接着在钢筋上和小河两边用水泥砂浆进行了浇筑，顶头的地方还有一根水管竖着，这时的它看上去有点灰灰的。

4. 中7班的孩子想为小河设计图案，叔叔觉得这个想法棒极了。瞧，现在的小河有了小章鱼、小乌龟、小鱼的图案，是不是漂亮了很多呀？

5. 在河面架上两座不一样宽窄的小木桥，我们每天照顾河里的小鱼、乌龟、螃蟹、龙虾，和它们聊天，小河可真是个好玩的地方！

种植小院

1. 曾经它是一片绿化地，种植着矮灌木，却挡住了我们的脚步。

2. 工人叔叔清除了灌木，场地变得平整了。

3. 后来有趣的小路可以让孩子们去不同植物的家，漂亮的门头和栅栏、小竹林边的桌椅都等着小朋友们来坐坐看看！

4. 喜欢来种植小院的小朋友越来越多了，赶紧再把后面空着的场地利用起来，又有新园子啰！

5. 现在的它不仅种植品种丰富，环境也保持不断的变化，一年四季老师和小朋友们在这里发生了许多有趣的故事，为幼儿园留下了许多温馨美好的回忆。

玩泥场

1.曾经这里也是一片绿化，种着灌木，没有与我们产生互动的可能。

2.工人叔叔把灌木拔掉，挖土机运走了原先的土，又运来了很多原先藏在地下很深的土。

3.还砌了一道弯弯扭扭、凹凸不平的墙，我们可以在墙上摔泥、画泥浆画，好有趣！

4.高高低低的水池、水龙头和有坡度的地面让我们不会因为痛快玩泥变得脏兮兮的哦！

5.现在它可以让我们在里面充分自由地开展各种分组活动，帮助我们保存和展示泥工作品，实在太棒了！

户外舞台

1.曾经这里只有草地、树和几个大型敲击乐器,玩一会儿就觉得无聊想离开了。

2.工人叔叔拔掉了一棵树,并在靠围墙的地方放了一个牢固的不锈钢扇形小舞台。

3.叔叔们接着在不锈钢外面刷上了油漆,铺上了地板,还配上两个上下舞台的小台阶。现在可以坐在木桩凳子上欣赏节目了,真有意思!

4.再在小舞台边上造一座木头房子吧,这样舞台的道具材料就都有家啦!

5.在最少改变的基础上将原先的乐器进行有机的融合,因地制宜。现在我们发现它的空间变大了,环境变舒适了,能开展的活动也更多了,玩得连家都不想回了!

第三章　课程资源建设

课程资源园本化的建设路径

课程资源是什么？"课程资源是指形成课程的要素来源以及实施课程的必要而直接的条件。知识、技能、经验、活动方式与方法、情感态度与价值观以及培养目标等方面的因素，就是课程的要素来源。直接决定课程实施范围和水平的人力、物力和财力、时间、场地、媒介、设备、实施和环境，以及对于课程的认知状况等因素，就属于课程的实施条件。"[1] 以此来框定幼儿园课程资源的范围，可谓种类繁多，应有尽有。课程要素资源更多的是孩子对课程内容的已有经验基础，而有利于课程促使幼儿生发探索，为课程实施提供条件与支持的一切园内、园外条件均为幼儿园课程实施的条件资源。

我们知道，幼儿园的课程就在孩子们的身边。生活中的事件、人物、花草树木、动物等都是有效的课程资源。对幼儿来说，他们的学习与游戏离不开与周围环境和材料的互动，也就更需要依托周边的资源与环境来实施幼儿身边的课程，生发幼儿喜爱的教育活动。

随着对课程游戏化研究的深入，各园越来越重视对课程资源的开发与利用。对于一个幼儿园来说，要点是如何基于幼儿园及周边环境、资源的特点进行多重有价值的筛选，为园本课程的深入实施服务，形成本园独特的课程资源体系，这个过程就是幼儿园课程资源园本化的过程。

一、资源是保障，园本是基础

1. 罗列取向的资源收集

园内、园外到底有些什么可利用的资源，需要幼儿园进行细致、有效的排查

---

[1] 教育部基础教育司组织编写：《走进新课程：与课程实施者对话》，北京师范大学出版社，2002年版，第211页。

与梳理，形成特有的园本课程资源地图。入手可从适合幼儿园利用资源的分布特点逐一进行罗列。对园内孩子可能互动探索的对象进行排查，如幼儿园的人、动物、植物等；对每一个适合幼儿进入的活动场所进行排查，如种植园地、草坪、玩泥场、美术天地、娃娃剧场、科学长廊等。逐个梳理包括场所特有的环境、家具、自然物品、材料、动植物等，统计所具备的物品名称、物品数量、物品材质、外观形态、所占面积、存在年限等各种信息，园外同样如此。我园就将园所周边 3 平方公里以内有价值的多种特有教育资源，如花卉植物园、门口小公园、圆融广场、周围小区等，以及 10 平方公里以内特别重要的教育资源，如金砖博物馆、苏州气象台、苏州市第二图书馆、工人文化宫等都纳入幼儿园资源地图中。根据地图资源的分布，逐一对这些资源的物品名称、数量、具体位置、材质或主要用途等进行地毯式信息罗列。

2. 运用取向的资源更新

"不是所有资源都能成为课程资源，要成为有效的课程资源，必须从幼儿园课程内容的重要组成部分和幼儿园课程实施途径角度出发，对这些资源进行有目的的分析、选择和运用。"[①] 因此，在信息罗列基础上，需要对每一个资源进行认真分析，对照《指南》深度挖掘，进行对幼儿的可能性教育内容与教育活动途径的设计，形成独特的园本课程运用资源。针对每一个课程资源，我们从不同年龄段的幼儿学习特点出发，规划设计运用此资源可能进行的集体活动、区域与游戏活动、日常生活内容，进行多视角的活动开展建议，从资源运用视角进行预设规划，为教师选择运用课程资源做好前置的分析与准备。

当然，资源的开发与利用需要根据课程实施的进程随时调整，根据实施情况不断更新与优化。周边环境会发生改变，教师、幼儿因课程的实践会对资源进行改造与创新利用。因此，在运用基础上的二次、三次资源更新梳理就显得尤为重要。如我园在 2018 年年末对幼儿园现有资源初次整理，包括园内资源 6 个、园外资源 5 个。初次对这些资源进行了可能性资源利用的预设规划。2019 年，我们再次对园内、周边资源进行深入挖掘，梳理完成新增园内资源 12 个、园外资源 8 个。在此基础上，我们对其中 7 个 2018 年度实施课程实践的资源进行二次梳理，充分运用课程视角进行再次审议，诊断并优化资源利用的架构，形成新一年度的有效园本课程资源。如此，每个学期对课程资源进行期末审议，新增或优化调整就成了课程实施的必要环节。

---

① 上海市教育委员会教学研究室主编：《幼儿园课程图景》，华东师范大学出版，2013年版，第152页。

3. 拓展取向的资源生长

坚持资源建设，不仅能持续生发新的资源，还能对原有资源持续进行优化。不仅能较好地促进教师的课程设计能力，更好地养成提前规划与预设的习惯，也能更好地支持教师的课程"生长"意识，使资源建设与课程发展成为相辅相成的互助关系。资源是服务于班级教师和幼儿的课程实践的，需要让教师们体验到资源给课程实施带来的便利，以提高教师积极参与资源建设的主动性，发挥资源建设的主体意识。幼儿园可组建不同的教研组，如课程组、年级组、资源组等，发挥教师资源开发的积极性，从不同视角进行不同层级、不同领域的资源开发规划与设计。因资源的深度开发，为孩子随时生发的课程探究活动做好有力支撑。如我园为进一步加快资源的有效建设，组建了特别的"资源建设抱团研究小组"，由园内分管后勤的骨干教师任组长，各年级组教师自由以班级报名参加抱团研究小组，抱团班级从期初进行规划，分别认领新增资源挖掘与二次审议优化资源的任务。通过较长时间同伴的积极思考、相互研讨、过程运用与反思，特别是经过一学期部分班级课程资源运用的反馈，资源的梳理与更新就显得特别有的放矢。学期末小组完成的课程资源包成为抱团小组的集体课程实践成果，在全园进行分享。当自己的规划与梳理成果得到全园教师的认可，能为大家后期的课程实践带来很多的便利，让教师感觉到自己被需要，资源建设生长的就不仅仅是资源的广度，还是能不断催生出教师的职业幸福感的资源站。

二、服务是导向，全员来建设

"课程资源在使用的过程中，要充分发挥资源的作用，需要对资源的利用或运作进行管理，要建立可行的制度保障其运行，以实现资源在课程实施中的有效功能。"[1] 不难理解，初步的资源体系建构完成，真正得到落实并有效运用，必须进行科学的管理，形成有效的管理制度，才能形成良性循环，有利于教师长期的积极利用。

1. 图示图标资源建档

幼儿园的课程资源面对的对象，很重要的部分就是幼儿园的孩子。在资源的整理归档上应该在适于孩子使用上有特殊的要求，即生动、形象、一目了然地呈现，以便于师幼同步查看、分类保存。在幼儿园的资源室可利用图表、标记进行对资

---

①上海市教育委员会教学研究室主编：《幼儿园课程图景》，华东师范大学出版社，2013年版，第152页。

源的整体描述，更多地利用图示、图表、符号标记来对资源进行告知：资源室内有哪些资源，类型、数量分别有多少，在哪个位置。支持幼儿成为资源室的阅读者、使用者和建构者，有目的地引导孩子们共同参与资源的分类、摆放、保存和利用。

2. 资源变化动态更新

资源收集整理是起始，使用得当与管理有效更具研究性。资源是一个动态的变化过程，新旧更替，循环使用，需要呈现动态运用的结果，及时更新。

（1）定期的整理与收集规划。一些易耗品、季节性强的资源是需要根据情况定期有目的进行收集的，这类资源就需要专人负责管理与规划，通过列举物品名称、发放倡议书等发动家园、师幼定期共同收集，随时整理入库。

（2）一张动态出入登记表。资源增加了、减少了，在原始资源统计表基础上，需要随时进行使用记录更新，以利于了解资源的被需要程度、使用率，为后期的资源收集提供有效的依据。

（3）一份动态记录图。动态的记录图可以设置在资源室、资源区的明显位置，它是为幼儿特别提供的。孩子们可以通过自己对图示、图标的记录，物品位置移动等来进行资源入库、出库的记录，使资源的变化情况也成为有效的课程资源，激发孩子参与管理、统计与记录，共同承担资源管理的责任。

三、使用是要点，发展是核心

资源是为课程开展服务的，使用是资源建设的目的。"课程与资源存在着十分密切的关系。没有课程资源也就没有课程可言，有课程就一定有课程资源作为前提。"[1] 资源建设的适切性与丰富性决定了课程实践的方向与质量基础。资源建设的过程是资源得到储备的过程，更重要的是被有效利用的过程。园本课程资源建设的有效性在我看来在于三个方面：一为资源的时效性、科学性与使用率；二为是否能节约师幼课程实施准备花费的时间；三为是否能优化课程实施的质量，拓宽课程实施的深度与广度。在园本资源的建设与使用中，如何体现出资源建设的有效性，值得深究。

1. 三级课程资源库的建设

三级课程资源库包括了园级、年级、班级三个层级的课程资源库。这三者之间是相互关联、各有侧重的关系。

---

① 教育部基础教育司组织编写：《走进新课程：与课程实施者对话》，北京师范大学出版社，2002年版，第211页。

园级资源库从顶层进行规划与设计，主要侧重于深入挖掘园内现有资源，整理园内外课程资源地图；主动与周边社区建立联系，探索并开拓有效的教育实践活动基地。根据园所特点全面建构幼儿园的资源室，通过对幼儿园、各班、各公用活动场的活动情况进行观测，充分运用幼儿园的空间进行合理布点，系统建设课程资源库，最大可能地服务于教师、幼儿的使用。除了场地资源，其他的废旧物品、自然材料、书籍资料、音频视频材料均要入库备用。还可根据资源运用的不同需求与资源材质特点，从年龄班、室场位置、楼层差异、园舍特点等方面进行充分审议，反复论证，系统建设包括工具材料、自然材料、废旧材料、半成品材料、成品材料、软件材料（图书、图像、音频、视频）等不同功能的动态资源室，使课程活动所需支持唾手可得。

如我园在园级课程资源建设中主要侧重在三个方面，一为因地制宜的多样化场地建设。园所充分挖掘山坡、水系、沙地、隧洞、树丛等不同价值功能，因地制宜地设置并改造了造型各异、功能不同的山洞、小池塘、室内外沙水乐园、钻笼、轮胎小径、玩泥场等。二为合理设置有机整合的活动区。结合本园特点，我园创设多个幼儿自主游戏、自主探索的户外游戏活动区，合理设置运动区、沙水区、艺术区、建构区等，并通过改建停车坪、拔除大面积绿篱恢复多处草坪绿地，增设草坪游戏区、游戏器械区和生态花园、种植园和饲养区等，为满足幼儿不同领域学习与发展提供优质的学习环境。三为巧建资源库动态调整。我园根据当地自然、社会和文化特点，建设了 7 个幼儿园教育资源库，资源库按课程、年龄段、物品性质、班级位置等进行合理分布，方便幼儿与教师自主取用，在很大程度上为教育教学的动态开展提供了有效的支持。

在园级资源库基础上，根据年级组课程活动的需要，进行进一步的细化与筛选，以年级组课程为筛选的主要依据，为每个年级组设置课程资源库，主要侧重于年级组课程方案资源共享；年级组区域活动、游戏活动材料共享；年级组学期课程活动、幼儿活动玩具材料共享；年级组场地利用、作息协调、室场弹性安排资源共享。

班级资源库主要服务于班级的当前课程活动，以班级当前主题为线索建立班级资源库，可分为物品资源与资料资源两大类。物品资源主要为支持当前主题活动开展的各种可能性材料的收集与提供，包括本主题相关可利用的区域游戏、集体活动、日常生活等绘本资源、作品资源、材料玩具资源等。资料资源主要为本主题班级可参照的蓝本课程方案、前期可参照园本课程方案。

2."蓝本"、园本课程资源库的更新

从文本到文本的机械使用是不能建设成有效的园本课程的。幼儿园的课程要逐渐脱离高依赖"蓝本"课程（即已经形成模式的相对固定的课程）的现状，就需要一边不断地改造"蓝本"课程，使其越来越适合当前幼儿的发展需要；一边充分利用特有的园本课程资源，进行创新性的课程规划与设计，不断有效运用特有资源来支持幼儿的学习发展。

蓝本课程资源改造：在运用蓝本课程资源的过程中，要注意使用不是照搬，需要在蓝本课程资源基础上进行课程资源的审议，对原有课程方案进行从目标到活动内容、活动材料、活动过程的优化设计，根据当前幼儿的兴趣、需要与发展水平做必要的调整，而经过审议并优化修改的课程方案在具体实施后，需要形成最终的课程方案，此时的课程方案与蓝本课程已经发生了较大的改变，也就形成了有意义的实施蓝本课程改造资源。

园本创生课程资源：依据幼儿园的独特资源，引发有趣的幼儿生活中的课程活动，围绕幼儿的当前生活、当前兴趣、发生的问题等来灵活地生成课程活动，如突然穿过幼儿园草坪的小野猫是怎么生活的？幼儿园玩泥场里的石磨到底是怎么工作的？幼儿园里的柿子树上结果子了……这些情境、问题或环境是本幼儿园所特有的，没有蓝本课程方案可参照，就需要教师自己成为课程的主动设计者，根据幼儿的年龄特点来规划设计课程方案。此类课程方案不断反思、优化并成型，就能形成园本的创生性课程资源，这也是幼儿园园本课程资源最为珍贵的部分。

2018—2019学年第二学期苏州大学实验学校幼儿园园内资源地图

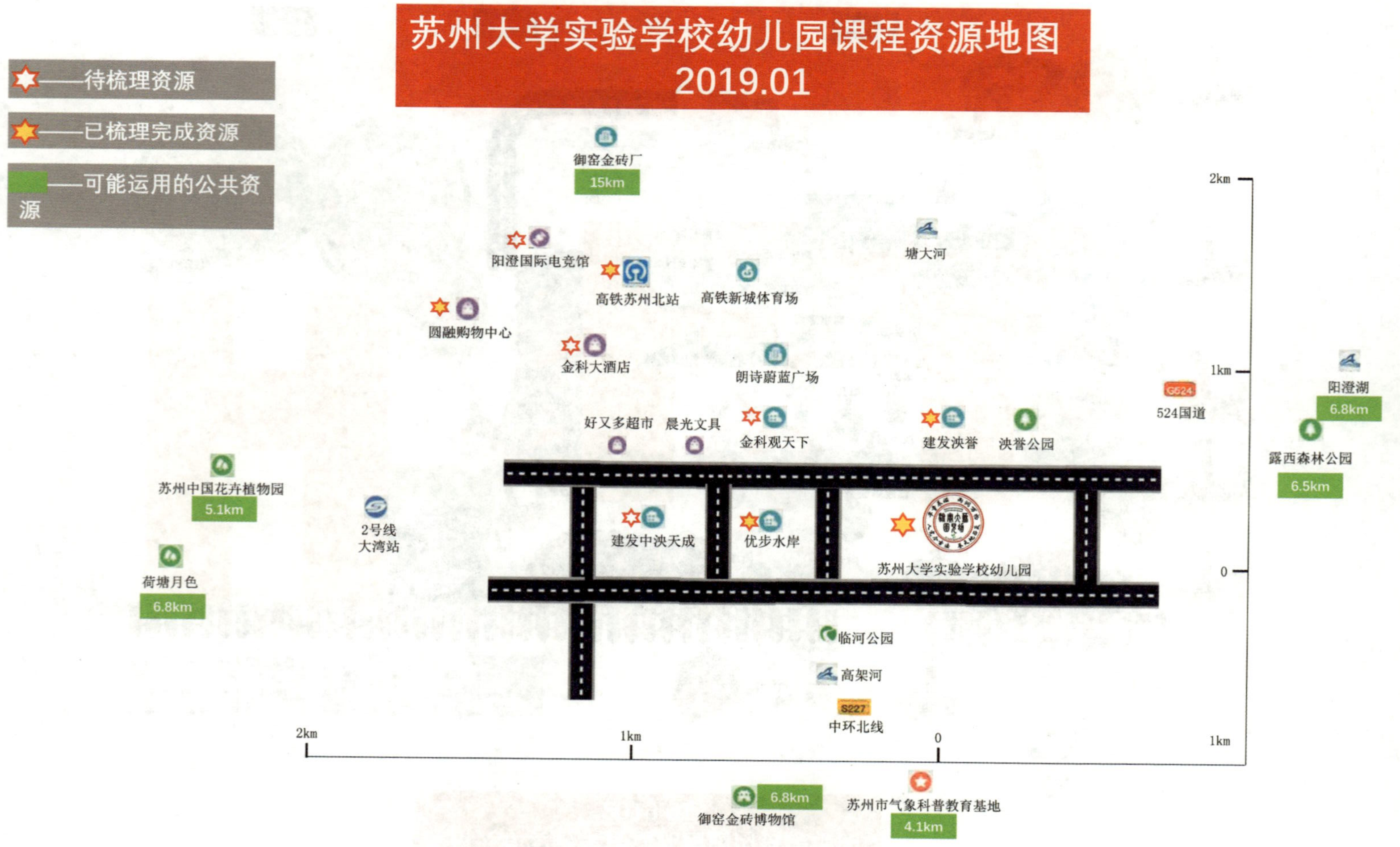
苏州大学实验学校幼儿园课程资源地图
2019.01
——待梳理资源
——已梳理完成资源
——可能运用的公共资源
御窑金砖厂
15km
阳澄国际电竞馆
高铁苏州北站
高铁新城体育场
塘大河
圆融购物中心
金科大酒店
朗诗蔚蓝广场
好又多超市
晨光文具
金科观天下
建发泱誉
泱誉公园
G624
524国道
阳澄湖
6.8km
露西森林公园
6.5km
苏州中国花卉植物园
5.1km
2号线
大湾站
建发中泱天成
优步水岸
苏州大学实验学校幼儿园
荷塘月色
6.8km
临河公园
高架河
S227
中环北线
2km
1km
0
1km
御窑金砖博物馆
6.8km
苏州市气象科普教育基地
4.1km

2019—2020 学年第一学期苏州大学实验学校幼儿园周边资源地图

苏州大学实验学校幼儿园园内资源地图
2020.07

已完成梳理，但未标识的资源：
2019.01—幼儿园的洞，幼儿园的柜子，幼儿园的花，幼儿园的树。
2019.12—幼儿园的展示大厅。
2020.07—幼儿园的人，幼儿园的防护。

待梳理资源
已梳理完成资源
2019.01
2020.07

教学楼
一楼室场
二楼室场
三楼室场
规划与修建中

2019—2020 学年第一学期苏州大学实验学校幼儿园园内资源地图

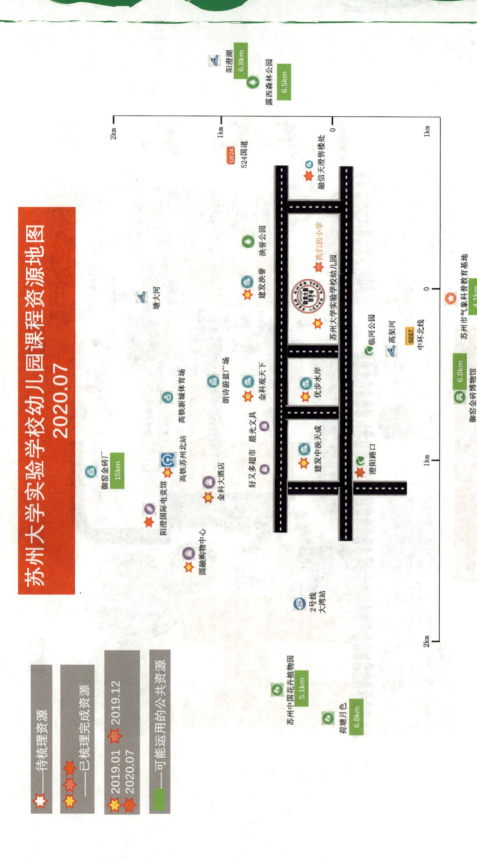

苏州大学实验学校幼儿园课程资源地图
2020.07

阳澄湖 6.8km
露西森林公园 6.5km
524国道 G524
融信天港售楼处
我们的小学
苏州大学实验学校幼儿园
建发洪誉 洪誉公园
塘大河
临河公园
高梨河 S227
中环北线
朗诗嫣蓝广场
晨光文具
金科观天下
金科观天下
优步水岸
高铁新城体育馆
高铁苏州北站
阳澄国际电竞馆
金科大酒店
建发中洪天成
澄阳路口
圆融购物中心
御窑金砖厂 15km
2号线 大湾站
苏州中国花卉植物园 5.1km
荷塘月色 6.8km

苏州市气象科普教育基地 4.1km
御窑金砖博物馆 6.8km

2018—2019 学年第二学期苏州大学实验学校幼儿园周边资源地图

待梳理资源
已梳理完成资源
2019.01 2019.12
2020.07
可能运用的公共资源

《幼儿园的柜子》课程资源

总体描述：

　　我园共有 27 个班级，占地面积大，各类户外器械玩具数量充足、品种多样，因此存储玩具的柜子也丰富多样。同时，室内外专室以及室内的教室、洗衣房、保健室、办公室等场地也有着各种各样的柜子。柜子与幼儿的生活紧密相连，以柜子为课程资源的生活与学习定然有意思。

一、《幼儿园的柜子》资源描述

物品名称	数量	材质或典型特征	图片	位置
圆头玩具柜	3	上方为半圆形拱门造型，内部有三层		小班南操场
X 头玩具柜	6	X 头像风车房子的造型，内部有三层		小班南操场
木头防水布积木柜	1	由铁管和 PVC 制成，防风吹日晒，幼儿拿取物品较方便		小班南操场
柜子	12	木质、低矮，可供幼儿自行选取物品，内部有两层		小班北操场

隔断展示柜	4	镂空的屏风感觉较美观，可用作隔断，但又不影响光线和视线		美术室
异形书架	9	造型奇异，存放书本能吸引幼儿前来观看		阅读室
小书架	4	展示形书架，每一层可竖立放多本书，方便阅读完毕放回原处		阅读室
钢琴柜子	8	像钢琴琴键一样外貌的柜子，在宝宝剧场专室中展示出优雅、灵动的感觉		宝宝剧场
玻璃矮柜	8	玻璃、木质矮柜，方便幼儿拿取物品		沙水乐园
水池柜子	8	木质的保护水池的柜子		沙水乐园
长矮格子柜	1	绿色，与娃娃舞台的主要氛围一致		娃娃舞台

长挂衣柜	4	木质，存放雨衣和雨靴，玻璃门能直观内部物品		阳光沙水、种植园地
矮凳柜	12	木质，一物两用，既可以作为凳子，也可以作为柜子放置雨靴		阳光沙水、种植园地、沙水乐园
幼儿园实木玩具架 A	18	造型好看的木质的柜子，低矮，可以供幼儿自行取放物品		幼儿园教室
幼儿园实木玩具架 B	4	木质，高度适合幼儿自行取放物品		幼儿园教室
幼儿衣帽柜	54	幼儿的衣物、书包放在这里，可以做上个人标记		幼儿园教室
置物柜	18	木质、低矮，可以供幼儿自行取放物品		幼儿园教室
幼儿园实木茶水柜	18	幼儿水杯柜，保育老师把水桶放入柜子并上锁，幼儿可以自己接水喝		幼儿园教室

消毒柜	27	存放消毒工具,需要消毒时保育老师用钥匙打开		幼儿园教室
吊柜	27	悬挂在墙面高处,放置保育老师的洗洁精、消毒片等物品		幼儿园教室
玩具组合柜 A	9	木质、低矮,可以供幼儿自行取放物品,卡通造型美观、有童趣		幼儿园教室
玩具组合柜 B	9	木质、低矮,可以供幼儿自行取放物品,卡通造型美观、有童趣		幼儿园教室
玩具组合柜 C	9	木质、低矮,可以供幼儿自行取放物品,卡通造型美观、有童趣		幼儿园教室
娃娃家 5 件套	若干	分别为冰箱、洗衣机、小桌子、小床、柜子,供幼儿娃娃家游戏时操作、放置物品		部分幼儿园教室
茶餐厅	若干	桌椅、冰箱、灶台、柜子等,供幼儿游戏时操作、放置物品		部分幼儿园教室

药品柜	1	木质，上方玻璃窗格部分存放日常需要的药物，下方抽屉和柜子存放不可见光或是储存起来的药品		保健室
软面柜	10	一物两用，既是一个软凳，也是放置物品的柜子		大厅及走廊
储物柜	18	有 18 个小格子		小班新楼班级
美工柜	若干	木质、多格，带有轮子方便移动		美工室、教室

二、《幼儿园的柜子》资源类型、经验线索及利用

资源名称	幼儿园的柜子
资源分类	1. 玩具柜、器械柜 2. 书柜 3. 衣帽柜、鞋柜 4. 储物柜 5. 电器柜 6. 茶水柜

经验线索	● 观察园内柜子的分布与种类，能按不同的标准简单分类。 ● 观察、比较不同的柜子，如材质、颜色、花纹图案、形态、大小、高矮等。 ● 尝试用绘画、泥工等方式表现自己认识的柜子。 ● 对柜子的制作感兴趣，充分发挥想象设计多种形态的柜子。 ● 在集体面前大胆介绍图片中自己家里以及社会中看到的柜子。 ● 感知并了解柜子对日常生活的影响。 ● 爱护柜子，小心搬动，定期清洁。 ● 按所做标记分类整理，养成良好的有序分类整理的习惯。
指南主要经验对照	**3—4 岁** ● 将玩具和图书放回原处；在成人的提醒下，爱护玩具和其他物品。 ● 对感兴趣的事物能仔细观察，发现其明显特征。 ● 感知和区分物体的大小、高矮、长短等方面的特点，并能用相应的词表示。 ● 能手口一致地点数 5 个以内的物体，并能说出总数；能按数取物。 ● 能感知物体基本的空间位置与方位，理解上下、前后、里外等方位词。 **4—5 岁** ● 能整理自己的物品。 ● 能对事物或现象进行观察比较，发现其相同与不同。 ● 通过简单的调查收集信息，能用图画或其他符号进行记录。 ● 感知和区分物体的粗细、厚薄、轻重等方面的特点，并能用相应的词语描述。 ● 通过数数比较两组物体的多少；会用数词描述事物的排列顺序和位置。 ● 感知物体的形体结构特征，画出或拼搭出该物体的造型。 ● 使用上下、前后、里外、中间、旁边等方位词描述物体的位置和运动方向。 **5—6 岁** ● 按类别整理好自己的物品；爱惜物品，爱护身边的环境。 ● 愿意与他人讨论问题，敢在众人面前说话；能有序、连贯、清楚地讲述一件事情；讲述时能使用常见的形容词、同义词等，语言比较生动。 ● 通过观察、比较与分析，发现并描述不同种类物体的特征或某个事物前后的变化。 ● 用数字、图画、图表或其他符号记录；在成人的帮助下能制订简单的调查计划并执行。 ● 能发现常见物体的结构与功能之间的关系。 ● 能用常见的几何图形有创意地拼搭和画出物体的造型。 ● 用多种工具、材料或不同的表现手法表达自己的感受和想象。 ● 艺术活动中能与他人相互配合，也能独立表现。

学习活动		
可能引发的活动	科学	**小班：** 1.《认识柜子》：认识了解常见柜子的外形特征。 2.《柜子找家》：尝试按照柜子的颜色、大小等特点进行分类。 3.《柜子排排队》：按照高度、大小给柜子排队。 **中班：** 1.《我们周围的柜子》：认识了解幼儿园、家中、周边生活中柜子的外形特征。 2.《柜子本领大》：探索发现柜子的材质及其作用。 3.《柜子有多少》：正确点数集合中某类柜子的数量。 **大班：** 1.《柜子怎么来》：了解柜子从原材料到成品的程序、工艺。 2.《柜子有多长》：运用不同物品，使用首尾相接的方法测量柜子的长度，比较长度。 3.《柜子做标记》：使用点、线、面等图形图案或数字给柜子做分隔分区标记。
	艺术	**小班：** 1.《小柜子的新衣服》：用不同的拓印工具，使用多色颜料大胆进行拓印。 2.《柜子的一家》：绘画柜子爸爸、妈妈、宝宝，注意拟人化的绘画以及明显的外形大小。 **中班：** 1.《会跳舞的柜子》：绘画各种跳舞形态的柜子娃娃。 2.《玩具和小柜子》：扮演不同种类的玩具，在音乐信号下回到对应的小柜子家。 **大班：** 1.《柜子写生》：能够仔细观察各种柜子并在一定时间内临摹绘画出来。 2.《未来的柜子》：大胆想象未来的柜子还会有怎样多功能性的作用并设计绘画出来。 3.《唱给柜子的歌》：能根据柜子的外形特征或作用按一定的句式创编歌词。

可能引发的活动	语言	**小班：** 《柜子展览会》：从形状、材质、颜色、图案、结构、作用等方面轮流介绍自己家的柜子。 **中班：** 1.《有趣的柜子》：大胆表达对柜子有趣外形特征的感受，说说柜子的作用。 2.《柜子里的玩具》：找到玩具们吵闹的原因，通过分类解决矛盾。 **大班：** 1.《神奇的柜子》：通过阅读明白善良的人是能得到回报的，人的善良是会让人变得美丽可爱的，善良是人的优点。 2.《会走路的柜子》：体验会走路的柜子的有趣生活，感受帮助别人的快乐。
	社会	**小班：** 1.《小柜子找妈妈》：动手动脑走迷宫，帮助小柜子找到自己的妈妈。 2.《开花的柜子》：发现柜子开花的原因，感受植物与柜子之间的互相帮助、美化。 **中班：** 1.《柜子——我们的好朋友》：感受柜子给我们生活带来的帮助和便利。 2.《认领柜子朋友》：懂得如何爱护柜子并在日常生活中进行对应的养护。 **大班：** 《柜子上的画》：懂得爱惜物品，知道公共物品也要爱护。
	健康	**小班：** 1.《大风和柜子》：听口令进行原地自转、移动自转的游戏。 2.《整理小衣柜》：学习按春夏秋冬或衣物种类等整理小衣柜。 **中班：** 《不高兴的柜子》：知道不高兴、情绪低落带来的危害，懂得要保持好心情。 **大班：** 1.《运送小柜子》：尝试两两合作搬运小柜子，发展力量、耐力。 2.《柜子闯关》：运用走S形、跑、跳、钻等技能进行闯关游戏。
	区域活动	
	科学区	1.用放大镜观察木柜子、竹柜子的纹路，激发幼儿的探究欲望。 2.通过测量学习比较柜子的长短、高矮、大小。 3.通过摸一摸比较不同材质柜子的粗糙、光滑的质感。

可能引发的活动	益智区	1. 柜子连连看（相同的消除）。 2. 柜子排排队（高矮、颜色、大小等规律）。 3. 柜子分类（材质或外形特征）。 4. 柜子配对（外形特征）。 5. 柜子数量统计（点数）。
	自然角	1. 装饰柜子。 2. 柜子布景。
	建构区、建筑工地	1. 提供纸板、易拉罐等辅助材料，引导幼儿搭建柜子。 2. 提供方体积木，引导幼儿搭建柜子。
	美工区	1. 柜子涂色（花纹、图案）。 2. 设计绘画各种各样的柜子（外形、作用）。 3. 装饰柜子。 4. 用轻黏土、玉米粒制作立体柜子。 5. 柜子图形拓印。 6. 用纸板、白乳胶粘贴成立体柜子，并用水粉上色、装饰。 7. 折纸柜子。
	语言区	1. 投放关于柜子的书，认识一些常见的柜子名称。 2. 投放家具柜子的宣传册，供幼儿欣赏。 3. 阅读绘本《一起一起分类病》《全都收拾好》《凌乱的房间》《小海狸油漆柜子》《好玩的大衣柜》等。 4. 制作《各种各样的柜子》图册。 5. 学习《我家有个玩具柜》等关于柜子的儿歌。 6. 提供白纸、水彩笔、订书机，供幼儿自己制作各种各样关于柜子的小资料集册。
	生活区、娃娃家	1. 定期擦拭清洁柜子。 2. 按标记整理柜子里的玩具。

		日常活动与游戏
可能引发的活动	日常活动	1. 午间散步时观察、认识幼儿园各种各样的柜子及其分布。 2. 按柜子上的标记分类整理物品。 3. 爱护柜子，定期清洁。 4. 管理好自己小衣柜里的物品，摆放整齐。 5. 整理好自己的玩具柜。 6. 用照片的形式记录家中、社会中看到的柜子，完成《我看到的柜子》调查表。 7. 参观家具店或工厂，了解柜子的生产制作过程。
	游戏	1.《安静的柜子》《柜子木头人》:念儿歌，听指令静止，控制身体平衡。 2.《柜子后的小松鼠》:幼儿扮演小松鼠，根据老师口令躲在柜子的后面。 3.《大柜子和小柜子》:音乐游戏，用动作、声音大小表现大小柜子。 4.《柜子和魔鬼》:一幼儿扮演魔鬼，魔鬼不能抓摸到柜子的人。 5.《柜子音乐家》:用小木棒等自然物敲击不同柜子，发出不同声音进行演奏。 6.《柜子爱跳舞》:用肢体动作表现柜子跳舞的情景。 7.《我家的柜子》:向同伴介绍自己家的柜子朋友。 8.《灵活的柜子》:扮演柜子并能够灵活躲闪障碍物。 9.《认养柜子朋友》:清洁、整理柜子，照顾柜子朋友。 10.《跳过小柜子》:把柜子放倒，尝试跳跃。 11.《柜子真有用》:谈话活动。 12.《我家有个玩具柜》:手指游戏。

本资源整理、设计：冯雅怡、唐韵娇

《幼儿园里的洞洞》课程资源

总体描述：

  在幼儿园的生活中，孩子们发现了周围有各种各样的洞洞，它们形态不一、用处不一，十分有趣。散落在幼儿园各处的各种洞洞里藏着许多学问，十分具有探究价值。从幼儿的视角出发，对各种洞洞进行收集整理，开展有目的的观察与分析，我们发现以资源富足的洞洞为介实施生活中的课程，简单、灵活、乐趣无穷。

一、《幼儿园里的洞洞》资源描述

物品名称	数量	材质或典型特征	图片	位置
下水道盖	1	金属，长 49.5cm，宽 39cm，是由多个椭圆形的洞洞组成的一块长方形的金属盖		种植园地、玩泥场、沙水池
户外器械（钻笼、滑滑梯、户外玩具锁链）	1	金属，直径 66cm，一个白色的圆形洞口，洞口较大		幼儿园南操场
	1	塑料，64cm，一个肉色的圆形洞口，洞口处有延伸，洞口较大		
	2	金属特征，中间是椭圆形的洞洞，互相搭扣在一起，形成一条条铁链		

大树注水管	若干	塑料，由一个白色的塑料管形成的圆形洞口，洞口大小中等		幼儿园每棵树下
桥洞	2	木头，直径74.8cm的圆形洞口，内有绿色草坪覆盖，洞口较深		幼儿园中间操场
蚂蚁洞	若干	泥土中间形成的多个不规则形状的洞口，较小		玩泥场
树洞	若干	木头，多个洞口组成，洞口较圆		部分树上
				小池塘
幼儿椅子	若干	木头，圆形洞口直径2.7cm，较小，半圆形洞口较小		
办公桌	若干	木头，直径5.6cm，中等圆形洞口		幼儿园教室
班内玩具	若干	塑料，中空圆形小洞，色彩丰富		

插座	若干	塑料，匹配插头的两孔插座和三孔插座		幼儿园教室
室内篮筐	若干	塑料，由多个红色塑料互相连接形成的若干个镂空小洞		
水龙头	若干	金属，直径2.2cm的圆形小孔，洞口较深，中间有弯曲		幼儿园教室、种植园地、玩泥场、沙水池、美术室、骑行区
下水口	若干	金属，直径3.5cm，较小圆形洞口，中间有阻塞，形成两个半圆		
树叶	若干	多个绿色的不规则形状的小洞		中间操场周围花坛
				种植园地
围栏	若干	金属，直径9.2cm，黑色的圆形中等洞口		幼儿园西门
户外音乐器具	1	金属，直径0.9cm，多个圆形的小洞		幼儿园南操场小路

户外音乐器具	1	木头，较小的圆形的洞口，洞口较深		幼儿园南操场小路
插口	若干	金属，直径1cm，金色的圆形小洞		幼儿园南操场
石头	若干	多个不规则形状的小洞，洞口较深		小池塘
注水口	2	塑料，形状偏圆的洞口，洞口较小、较深		沙水池
纱窗	若干	由多条铁丝组成的小洞，小洞密集		一楼北侧通道、幼儿园教室
门锁	若干	金属特征，上下锯齿花纹，中间有扁形的洞口		每扇门
厕所	若干	陶瓷，一个椭圆的大洞，洞口较浅，内部有一个U型的较小的洞口，洞口较深		幼儿园教室

二、《幼儿园里的洞洞》资源类型、经验线索及利用

资源名称	幼儿园里的洞洞
资源分类	1. 玩具上的洞洞 2. 教室里的洞洞 家具上的洞洞、电器上的洞洞、卫生间里的洞洞、户外的洞洞、下水道的洞洞 3. 动物生活的洞洞 4. 植物上的洞洞 5. 户外设备上的洞洞 6. 危险的洞洞 缝里的洞洞、插座上的洞洞、地下的洞洞
经验线索	● 了解人体身上有洞的器官及其功能。 ● 仔细观察各种各样的洞洞，尝试进行记录，并乐意与同伴分享发现的洞洞。 ● 探索发现幼儿园里不同的洞洞，探索周围环境中有洞的物品，了解各种洞及相关事物之间的联系，并能根据洞的用途进行简单的分类。 ● 认识一些住在洞里的动物，知道它们的生活习性。 ● 初步了解下水道的洞洞，以及处理污水的原理和作用，感受洞洞带给生活的便利。 ● 知道生活中有些洞是有危险的（如插座、夹缝等），不随意触摸。 ● 大胆用肢体动作表现洞洞的形态，发展走、跑、跳、钻、爬等多项运动能力。 ● 学习运用画、剪、贴等方法进行创作，将自己认识的洞表现出来。

指南 主要 经验 对照		**3—4 岁** ● 喜欢接触大自然，对周围的很多事物和现象感兴趣。 ● 经常问各种问题，或好奇地摆弄物品。 ● 对感兴趣的事物能仔细观察，发现其明显特征。 ● 能用多种感官或动作去探索物体，关注动作所产生的结果。 ● 能用数词描述事物或动作，如"我找到 2 个洞洞"。 ● 能注意物体较明显的特征，并能用自己的语言描述。 ● 能用声音、动作、姿态模拟自然界的事物和生活情景。 **4—5 岁** ● 能以匍匐、膝盖悬空等多种方式钻爬。 ● 知道生活中危险的插座，不随意触摸。 ● 喜欢接触新事物，经常问一些与新事物有关的问题。 ● 常常动手动脑探索物体和材料，并乐在其中。 ● 能对事物或现象进行观察比较，发现其相同与不同。 ● 能根据观察结果提出问题，并大胆猜测答案。 ● 通过简单的调查收集信息，尝试用图画或其他符号进行记录。 ● 经常用绘画、捏泥、手工制作等多种方式表现自己的所见所想。 **5—6 岁** ● 能以手脚并用的方式安全地爬攀登架、绳网等。 ● 听不懂或有疑问时能主动提问。 ● 能主动发起活动或在活动中出主意、想办法。 ● 知道别人的想法有时和自己不一样，能倾听和接受别人的意见，不能接受时会说明理由。 ● 爱护身边的环境，注意节约资源。 ● 能用多种工具、材料或不同的表现手法表达自己的感受和想象。 ● 活动中能与同伴分工合作，遇到困难能一起克服。 ● 能用简单的记录表、统计图等表示简单的数量关系。 ● 能用多种工具、材料或不同的表现手法表达自己的感受和想象。
可 能 引 发 的 活 动		**学习活动**
	科学	**小班：** 1.《洞里的动物》：知道常见的洞洞里的动物。 2.《洞洞配对》：根据颜色、形状给洞洞配对。 **中班：** 1.《洞里的动物》：知道住在树洞、地洞、山洞里的动物，尝试进行配对。 2.《小猪补墙洞》：初步体验图形之间的组合、替代关系。 **大班：** 1.《洞穴动物》：知道各种洞穴动物，以及它们的生活特征，尝试进行归纳。 2.《爱喝水的洞》：观察下水道，搜集有关下水道的信息，知道下水道的作用、处理污水的原理。

可能引发的活动	艺术	**小班：** 1.《小蚂蚁的洞》：用黏土制作小蚂蚁的洞，尝试捏出蚂蚁身体的三个部分。 2.《洞洞印画》：用蔬菜切片进行洞洞水粉拓印。 **中班：** 1.《我给井盖画装饰》：尝试用颜料给井盖画上花纹、图案进行装饰。 2.《洞洞窗花》：根据步骤图学剪窗花。 3.《蚂蚁王国》：尝试用版画的形式表现蚂蚁洞弯曲、多孔的特点，制作蚂蚁王国。 **大班：** 1.《井盖上的故事》：小组合作编故事，并在井盖上画出连续、有趣的故事。 2.《魔笛滴答滴》：知道声音高低与笛子的长短有关，尝试根据步骤图，合作使用吸管制作竖笛。
	语言	**小班：** 《黑黑的，有一个洞》：阅读绘本，根据不同洞洞的形状、颜色等特征想象各种各样的洞。 **中班：** 1.《我身体上的洞洞》：知道身体上有哪些洞洞，了解它们的作用。 2.《下水道历险记》：跟随小鸭子感受下水道弯弯曲曲、错综复杂的特点，尝试续编故事。 **大班：** 1.《神秘的地下王国》：通过故事，了解蚂蚁王国分工合作、各司其职的特点，知道合作的重要性。 2.《隧道》：通过仔细阅读，懂得沟通的重要性，积极面对与亲人发生的矛盾，感受故事中兄妹俩穿越"隧道"后的美妙情感。
	社会	**小班：** 1.《洞在哪里》：说说周围有哪些物体上有洞洞，体验洞洞的无处不在。 2.《食物上的洞洞》：介绍观察到的洞洞食物，品尝洞洞食物的美味。 **中班：** 1.《洞洞食物大拼盘》：发现有洞的食物，小组合作制作蔬菜、水果大拼盘。 2.《洞洞玩具来约会》：介绍自己带来的洞洞玩具，与同伴友好地互换玩具。 **大班：** 1.《洞在哪里》：分组探索幼儿园各处的洞洞，记录自己的发现并在集体面前介绍本组的发现。 2.《洞洞畅想》：根据洞洞的不同功能设想用洞洞进行各种发明。

可能引发的活动	健康	**小班：** 1.《钻山洞咯》：学习钻爬过山洞，体验钻洞洞的乐趣。 2.《会咬人的缝》：知道生活中有一些洞洞有危险，容易夹伤，学会保护自己。 **中班：** 1.《人体隧道》：参加结伴进行"搭山洞""过山洞"的活动，发展创造力。 2.《危险的插座》：知道插座危险的地方，不随意用手指触碰插座，知道正确的操作方法。 3.《牙齿上的洞洞》：知道多吃甜食、不爱刷牙会导致蛀牙，学习正确的刷牙方法。 **大班：** 1.《危险的洞洞》：辩证地分析洞洞安全与危险的两面性，学会合理地运用洞洞。 2.《一洞多玩》：提供管子、拱桥、绳子、圈圈等体育材料，探索洞洞材料的不同玩法，设计锻炼身体各部位的创意玩法。
	区域活动	
	建构区	1. 帮助幼儿尝试运用围合、架空、搭高、插接等技能建构"洞洞王国"，在轻松自由的氛围中充分发挥其自主性。 2. 提供养乐多瓶、树枝等辅助材料，联合建造蚂蚁的洞穴。
	美术区	1. 提供卡纸、鞋面、笔、剪刀等工具，供幼儿制作拖鞋，并用鞋底练习打结。 2. 投放美工纸、蜡笔、勾线笔、胶水等，供幼儿制作望远镜。 3. 提供图画纸、蜡笔、勾线笔，供幼儿绘画"地下的世界"。 4. 提供黑色卡纸和素描纸来创作"洞洞里的幼儿园"。 5. 洞洞物品拓印。 6. 下水道、蚂蚁洞版画制作。
	语言区	1. 手工制作《我的洞洞小书》，用不同的符号、图画记录，幼儿共读自制小书。 2. 张贴《下水道历险记》《神秘的地下王国》，请幼儿看图讲述。 3. 阅读绘本《黑黑的有一个洞》《身体上的洞》《牙医怕怕》《隧道》等。 4. 制作《各种各样的洞》图集。
	益智区	1. 张贴地下洞穴的相关资料图片，了解地下洞穴的特点。 2. 投放配对纸卡，供幼儿玩洞洞配对的游戏。 3. 投放洞洞玩具，了解洞洞在不同的玩具上的各种作用。

可能引发的活动	科学区	1. 用放大镜看我们的皮肤，上面都有一个个小小的"洞洞"。 2. 投放"火箭光影"材料，在光影之间感受洞洞的不同乐趣。 3. 投放自制竖笛材料，感知不同的声筒发出不同的音调，利用吸管制作自己的竖笛。 4. 提供 PVC 管、水杯、框等材料，尝试搭出下水道，并让水正常流通。
	生活区	1. 提供打好洞洞的鞋面，再配上鞋带，让幼儿尝试从洞洞里穿鞋带。 2. 给小动物喂食：能够熟练地运用筷子、勺子将豆类、谷物类进行投喂。 3. 自制手链：利用珠子有洞洞的特性，按照一定的顺序进行手链、头箍的制作。
	扮演区	为幼儿准备一些牙医的道具投放到"医院"，让幼儿开展角色扮演活动，发现牙齿上的洞洞，学习保护牙齿的方法。
	日常	**日常活动与游戏**
		1. 乐意发现并与同伴分享有洞的物品，了解洞洞的用途。 2. 教师有意识地引导提醒幼儿不要把垃圾丢到下水道，以免堵塞下水道。 3. 活动间歇或餐前餐后，请幼儿边玩边念有关洞洞的儿歌。 4. 小组相互介绍自己发现的洞洞。 5. 不随便用手去挖身上的洞洞，以免受伤。 6. 了解生活中有些洞是有危险的（如插座、夹板缝等），不随意触摸。 7. 欣赏笛子等有洞洞的乐器吹奏的音乐，感受乐曲的美妙、动听。 8. 请幼儿与爸爸妈妈一起寻找"家里的洞洞"，学会欣赏不同的窗花艺术，分享成功的喜悦。 9. 引导幼儿观察自己衣服、裤子、鞋子上的洞洞，让幼儿懂得洞洞的用途。 10. 在与幼儿外出时或利用电脑，找一找并认识了解生活在洞洞里的小动物。 11. 利用周末的时间，一起去找一找生活中的洞洞，例如地铁、隧道等。

可能引发的活动	游戏	1.《搭建山洞》：通过幼儿搭山洞、钻山洞等游戏，锻炼幼儿的合作能力。 2.《花样钻山洞》：提供彩虹桥、跳圈、钻笼等器械，创设山洞场景，锻炼幼儿跨、跳等能力。 3.《洞洞大冒险》：通过创设洞洞大冒险的场景，体验玩洞洞游戏的乐趣。 4.音乐游戏《钻山洞》：能随着音乐高低变化而改变动作。 5.《小猴滚球过隧道》：部分幼儿扮演小猴，部分幼儿用身体变成隧道，幼儿滚球经过隧道，锻炼幼儿身体的灵活性。 6.《洞洞里的动物》：幼儿在幼儿园的草地、树洞、水塘等地方寻找动物，并在记录本上进行记录。 7.《神奇的下水道》：幼儿观察幼儿园中的下水道，尝试观察下水道的结构，知道保护环境的重要性。 8.《自制沙漏》：幼儿利用沙子、水瓶等自制沙漏，感知不同大小的洞洞里沙子的流动性。

本资源整理、设计：张青婷、林艺

《澄阳路口》课程资源

总体描述:

在幼儿园的西南方向,有一个经常堵车的路口,它是澄阳路、太阳路,以及中环北线高架澄阳路出入口三者汇集的交叉口,正因为这"上天入地"、四通八达的特殊之处,它成为我园周边重要的交通枢纽。由于高铁新城的发展及改造,这条路常有大型卡车、公交车、小汽车、电瓶车等各类车辆经过,因此在高峰时期常会发生堵车的现象;我们也经常能看到交警进行交通指挥,利用交通锥临时改道疏散车辆等,这一路口成为幼儿学习的良好社会资源。

一、《澄阳路口》资源描述

场地或物品名称	数量	材料、种类或主要特征	图片	位置
路牌	若干	用不锈钢制作成的支架支撑路牌,上面包括路名、路名拼音以及方向指示等信息		路口两侧
指示标志	若干	钢铁材质,指示车辆行进的位置和方向		地面路口
指路标志	若干	钢铁材质,传递道路方向、地点等信息		高架入口
禁令标志	若干	禁止或限制车辆、行人交通行为		地面路口

辅助标志	2	提示下高架右转车辆不受红绿灯控制		高架出口
机动车信号灯	若干	用铁质支架支撑，由红色、黄色、绿色三个无图案圆形单位组成的一组灯，指导机动车通行		东西向路口
人行横道信号灯	若干	内有红色行人站立图案和绿色行人行走图案组成的一组信号灯，指导行人通行		路口四周
道路护栏	若干	钢铁材质，用于隔离机动车道和非机动车道，阻止行人横过道路，起保护作用		马路边、马路中
地面指示标线	若干	在柏油路上，用专用的白色油漆绘制出来，指示车行道、行车方向、路面边缘等		地面路口
停止线	若干	是禁止标线，道路交叉口（主要是红绿灯路口）横在前面的白色实线，表示等待释放通行信号的车辆位置，并且不能超过或压于停止线		地面路口
非机动车车道标记	若干	由白色油漆绘制成自行车的图案，设在该车道的起点及交叉路口和入口前适当位置，用于指示区分机动车道与非机动车道		马路两侧

人行横道	若干	是在车行道上用斑马线等标线或其他方法标示的规定行人横穿车道的步行范围，防止车辆快速行驶时伤及行人而在车行道上标线指定需减速让行人过街的地方		地面路口
交通锥	若干	又称锥形路标、锥形筒、红帽子、方尖碑，是一种道路交通隔离警戒设施		澄阳路口
高架出入口	4	太阳路与中环北线高架的连接口		太阳路东西向
电子眼	若干	对机动车闯红灯、逆行、超速、越线行驶、违例停靠等违章行为，实现全天候监视，捕捉车辆违章图文信息，并根据违章信息进行事后处理		路口四周
治安岗亭	2	作为防护，用来防护治安人员不被风吹雨淋防护		路口西侧
电线杆	若干	生铁材质，用于架设路口交错的电线		沿路口马路边
路灯	若干	给道路提供照明功能的灯具		路口沿路

二、《澄阳路口》资源类型、经验线索及利用

资源名称	澄阳路口
资源分类	1. 环境 地面道路、高架、高架出入口、绿化带 2. 设施设备 路牌、指示标志、指路标志、禁令标志、辅助标志、机动车信号灯、人行横道信号灯、道路护栏、地面指示标线、停止线、非机动车车道标记、人行横道、交通锥、电子眼、治安岗亭、电线杆、路灯
经验线索	1. 了解不同交通设施设备的名称和作用，初步感受与人们生活的关系。 2. 对常见的交通标志感兴趣，尝试根据图案或符号理解其含义。 3. 知道过马路、乘车、驾车等相关的交通安全知识，明白交通规则的重要性并遵守基本的交通规则。 4. 认识并感受高架的多种形态及强大功能和作用，感受其给人们出行带来的便利。 5. 尝试用多种方式和游戏玩法表达自己对马路、高架、汽车、交通的了解和设想。 6. 调查统计从澄阳路口到幼儿园不同的上学路线，了解幼儿园周边主要道路的名称及其大致长度。 7. 寻找发现幼儿园里的小路，观察了解它们的特点，多角度、多形式给小路取名并制作路牌。 8. 寻找、关注身边各种各样的交通工具，了解各种交通工具在生活中的广泛应用，体会它们给人们生活带来的便利。

指南主要经验对照	**3—4 岁** ● 行走 1 千米左右（途中可适当停歇）。 ● 愿意表达自己的需要和想法，必要时能配以手势动作。 ● 会看画面，能根据画面说出图中有什么，发生了什么事等。 ● 在提醒下，能遵守游戏和公共场所的规则。 ● 感知和发现周围物体的形状是多种多样的，对不同形状感兴趣；体验和发现生活中很多地方都用到数。 ● 感知和区分物体的大小、多少、高矮、长短等量方面的特点，并能用相应的词表示。 ● 注意物体较明显的形状特征，并能用自己的语言描述；能感知物体基本的空间位置与方位，理解上下、前后、里外等方位词。 **4—5 岁** ● 连续行走 1.5 千米左右（途中可适当停歇）。 ● 知道在公共场合不远离成人的视线单独活动；认识常见的安全标志，能遵守安全规则。 ● 基本完整地讲述自己的所见所闻和经历的事情。 ● 对生活中常见的标识、符号感兴趣，知道他们表示一定的含义。 ● 感受规则的意义，并能基本遵守规则。 ● 对事物或现象进行观察比较，发现其相同和不同；能根据观察结果提出问题，并大胆猜测答案；能通过简单的调查收集信息；能用图画或其他符号进行记录。 ● 在指导下，感知和体会有些事物可以用形状或数来描述，对环境中各种数字的含义有探究的兴趣。 ● 感知物体的形体结构特征，画出或拼搭出该物体的造型；能感知和发现常见几何图形的基本特征，并能进行分类；能使用上下、前后、里外、中间、旁边等方位词描述物体的位置和运动方向。 **5—6 岁** ● 连续行走 1.5 千米以上（途中可适当停歇）。 ● 自觉遵守基本的安全规则和交通规则。理解规则的意义，能与同伴协商制定游戏和活动规则。 ● 尊重为大家提供服务的人，珍惜他们的劳动成果。 ● 通过观察、比较与分析，发现并描述不同种类物体的特征或某个事物前后的变化；在成人的帮助下能制订简单的调查计划并执行；能用数字、图画、图标或其他符号记录。 ● 能发现常见物体的结构与功能之间的关系。 ● 发现生活中许多问题都可以用数学的方法来解决，体验解决问题的快乐。 ● 能用简单的记录表、统计图等表示简单的数量关系。 ● 能用常见的几何形体有创意地拼搭和画出物体的造型；能辨别自己的左右。

学习活动		
可能引发的活动	科学	**小班：** 1.《认识小汽车》：认识了解常见车辆的外形特征。 2.《汽车快跑》：提供不同轮子的汽车，观察了解轮胎虽然细节不一样，但外形都是圆圆的。 3.《大车子小车子》：尝试按照车子大小等方面的特点进行分类。 **中班：** 1.《咕噜噜，滚啊滚》：观察各种轮子的外形特征，尝试发现车轮的大小、数量与车身之间的关系。 2.《马路上的车》：能够按照车辆特征进行分类。 **大班：** 1.《车子内部的秘密》：了解认识汽车的内部构造。 2.《上学路线有几条》：了解自己不同的上学路线，用首尾相接方法来测量上学路线，比较路程的长短。 3.《来来往往的车》：借助情景模拟，算车辆总数，了解加和减的实际含义。
	艺术	**小班：** 1.《红绿灯》：提供红绿灯图纸，幼儿利用蜡笔进行涂色。 2.《交通安全歌》：了解交通安全小知识。 **中班：** 1.《车子剪贴画》：用剪贴的方法来表现各种各样的车辆。 2.《便利的高架》：提供高架图片，引导幼儿进行模仿绘画、创新设计。 3.《双层汽车开来了》：愿意根据歌词的内容表达、表现双层汽车开来的欢乐。 **大班：** 1.《幼儿园的平面图》：在观察幼儿园的路、了解方位的基础上，能运用各种形式，设计出幼儿园的平面图。 2.《开车去旅行》：大胆与同伴合作创编较为合拍的动作，轮流表现开车旅行的情节，感受和同伴随乐做动作、玩游戏的快乐。

可能引发的活动	语言	**小班：** 1.《红绿灯我认识》：了解红绿灯的颜色，知道红灯停、绿灯行。 2.《马路上有什么》：愿意说出自己在马路上看到的事物，了解马路上有路灯、红绿灯、标志、护栏等物品。 **中班：** 1.《马路上的线》：愿意说出自己看到的马路上的不同线条，了解实线、虚线、双实线等不同线条的作用。 2.《交警叔叔本领大》：学习简单的交通指挥手势，了解其含义，萌发尊重交通警察的情感。 **大班：** 《老轮胎》：体验老轮胎心情的变化，懂得友情可以给我们带来很多快乐，理解友情的重要性。
	社会	**小班：** 1.《我是文明小乘客》：了解认识文明乘车小知识。 2.《我们会等待，我们不拥挤》：懂得在家、在园、在公共场所等待的重要性，养成自觉遵守秩序的习惯。 **中班：** 《马路上的危险》：情景模拟，了解认识马路上的危险，在生活中学习保护自己的方法。 **大班：** 1.《堵车原因大揭秘》：在观察中多角度发现澄阳路口的堵车现象及其原因。 2.《幼儿园周边的路》：知道幼儿园周边路的名称及其主要特征，能够讲述出每条路的具体位置。
	健康	**小班：** 《开汽车》：设置简易红绿灯，设置障碍物，幼儿模拟开小车、骑自行车等进行躲避障碍物的游戏。 **中班：** 1.《协力开巴士》：提粗织带，引导幼儿合作前进。 2.《快快慢慢的车》：幼儿扮演小交警指挥车辆开快开慢。 **大班：** 1.《车轮滚滚》：提供轮胎若干，几个幼儿面对面进行滚轮胎游戏。 2.《身体搭桥》：体验与同伴用身体合作搭桥的乐趣。

		区域活动
可能引发的活动	科学区	1.《车子的秘密》：提供不同种类的汽车模型，引导幼儿观察、发现不同汽车的基本特征和内部构造。 2.《高高的路》：提供高架模型图片、不同粗细的滚状物体、平板若干，探索如何支撑高架，了解支撑物、支撑点之间的关系。
	建构区	1.《澄阳路口》：提供澄阳路口地面道路的多方位照片，引导幼儿尝试建构多层次的澄阳路口和高架。 2.《百变汽车》：提供各种桌面建构材料和不同造型的汽车图片，引导幼儿尝试用不同的材料拼搭出不同造型的汽车。
	美工区	1.《设计高架》：提供水彩笔、白纸，引导幼儿画出具有架空、斜坡、连接、弯道等特点的高架。 2.《汽车折纸》：提供正方形彩纸、折纸步骤图、成品实物，引导幼儿根据步骤图折出各种汽车。 3.《幼儿园的路》：引导幼儿进行户外多个地点、多条小路的观察写生。 4.《交通安全海报》：提供卡纸、彩笔等，引导幼儿与同伴合作，制作交通安全宣传海报。
	语言区	提供绘本、有声读物、点读绘本、音频等，引导幼儿根据自己的意愿自主选择视听结合等不同方式欣赏作品。
	生活区	《穿编汽车》：提供彩色不织布块、不织布制作的各种汽车（车身上有若干条横、竖开口）、步骤图、剪刀等，引导幼儿看懂步骤图，裁剪编条，并能找到编织规律进行由上而下、由下而上或从左至右、从右至左的穿编活动。
	益智区	1.《来来往往的车》：统计、计算车辆总数，了解加和减的实际含义。 2.《测量上学路线》：提供简易地图，用不同的测量工具测出从不同的家到幼儿园的距离，并记录到记录单里。
	表演区	1.《开车去旅行》：提供音频，引导幼儿跟随音乐有节奏地开小汽车进行表演。 2.《交通安全欢乐行》：提供音频，引导幼儿跟随音乐进行表演。

	角色区	1.《我是小司机》：提供自制小汽车，引导幼儿扮演小司机，搭载客人丰富相关情节，增加区域间的互动。 2.《我是小交警》：提供警察制服、帽子等，引导幼儿扮演交警，并掌握各手势含义，用手势、信号灯、口哨来尝试指挥交通。 3.《维修中心》：引导幼儿将需要修理的小汽车送至维修中心进行修理。 4.《洗车坊》：引导幼儿用抹布、洗车剂等清洗工具，将客人的车辆洗净。
可能引发的活动		日常活动与游戏
	日常	1. 收集图片资料：利用亲子以及教师自己收集的一些关于澄阳路口的图片和视频资源，引导幼儿回顾澄阳路口堵车的现象。 2. 绘本阅读：提供一些与主题相关的绘本，在日常进行阅读，进一步了解交通设施、设备，了解交通标志的分类。 3. 散步时观察幼儿园周边的路口状况，引发幼儿探索路口秩序、了解交通设施的兴趣。 4. 故事讲述：自编自演一些有关主题的情境小故事，激发幼儿大胆表达，自娱自乐。 5. 宣传广告：带幼儿进行相关文明交通的宣传活动，增进安全防护方面的认识，提高安全意识与安全防护的能力。 6. 调查幼儿园周边的路：了解学校周边每条路的名称及其环境、设施特点，知道每条路都能够通向幼儿园。 7. 日常记录单：引导幼儿进行一些有意思的记录，回忆生活中的经历，用绘画等形式将自己的问题、探索的结果等进行记录并与同伴进行交流。 8. 散步：餐后和孩子们一起来寻找、讨论幼儿园的路，发现其周边环境的不同。 9. 文明小乘客：请幼儿分享乘车体验，了解一些乘车的基本安全常识和礼仪，知道如何做一名文明小乘客。 10. 组织幼儿参加一些公益活动、日常展览等，对车子、绿色出行、环境保护等问题发表自己的观点，并尝试收集信息加以解释和说明。 11. 参观车库：通过参观，初步了解车库的结构，能说出一些汽车的标识。 12. 制作"交通安全小册子"，引导幼儿阅读学习。

本资源整理、设计：冯雅怡、高静甜

第四章　课程方案建设

园本课程方案的建设策略

关于幼儿园园本课程建设的思想，对我影响较大的还是陈鹤琴先生的相关课程论述。陈鹤琴先生的课程思想主要散见在《幼稚教育之原则》《幼稚教育》《幼稚园的课程》《我们的主张》《整个教学法》《活教育理论》等相关著作。在《幼稚园的课程》中，陈鹤琴提出了"活教育五指活动"和"单元教学"。陈鹤琴先生说："五指活动的五指，是生长在儿童的手掌上的……是指要注意儿童心理和生理的发展，但是不离社会实际，领导儿童作合理的活动，予以适当的教养。"[1]他又说："五指，是活的，可以伸缩，互相联系……课程是整个的、连贯的，依据儿童心身的发展，五指运动在儿童生活中结成一个教育的网，有组织有系统，合理地编织在儿童的生活上。"[2] 其课程思想形象生动又科学合理。在我看来，幼儿园课程的整体教育观、生活教育观、活教育观在课程中的体现是建设园本课程的关键。

一、关注幼儿的当前生活，"生活"即"课程"

所谓"生活"即"课程"，就是要珍视幼儿的当前生活，充分运用幼儿的当前生活，利用他们每天能接触到的自然，把幼儿生活中的趣事、有价值的内容有机地组合，来规划设计课程。从孩子身边的生活汲取营养，以幼儿的生活为生发课程内容的主线，把健康、语言、科学、艺术、社会等多个领域的教学内容自然随机地按照需要去灵活规划，而非仅按照课表、计划组织。我深信幼儿园的课程应该是相对宽松的、灵活的、变化的，也只有这样灵活随机的课程才是幼儿真正喜爱的课程。

---

①陈秀云、陈一飞：《陈鹤琴文集》，江苏教育出版社，2007年版，第247页。
②陈秀云、陈一飞：《陈鹤琴文集》，江苏教育出版社，2007年版，第247页。

一个富有课程意识的教师，要注意每时每刻细心观察幼儿，用心聆听孩子发出的声音。如在 2019 年年初，我园的孩子们发现幼儿园有工人叔叔在开挖小池塘，当那些挖泥的工具、挖出的泥沟和搅拌的混凝土引起就近中 7 班孩子的兴趣时，课程就随机而来了。我们及时利用这个特有的时机，带孩子来到池塘边，鼓励孩子和工人叔叔攀谈，问问自己想知道的问题。由此孩子们对开挖新建的小池塘充满了好奇，何不让孩子们积极参与小池塘的开建过程中呢？最有意思的事应运而生，孩子们说要自己来设计他们喜欢的小池塘，主意越来越多：池塘河床的图案想要八爪鱼和恐龙的纹样，小池塘上架的小桥希望是有扶手的、带点弧度的小木桥，池塘里可以造点小景，再养点水生植物，再请喜欢的小鱼、乌龟一起到小池塘来，要实现这些设计，那就一起分头行动吧。收集的、设计的、与建筑工人伯伯现场沟通交流的……当孩子积极运用自己的原有经验，展开与自然、社会生动的对话，我想，这就是陈鹤琴先生所倡导的"生活"即"教育"的课程吧，让幼儿园的课程更富有幼儿的特点和儿童的本色。

二、关注幼儿喜爱的活动方式，"自然"即"过程"

陈鹤琴先生提出了"整个教学法"，他说："整个教学法就是把儿童所应该学的东西整个地、系统地去教儿童学。这种教学法是把各科功课打成一片，所学的功课是无规定时间学的；所用的教材是以故事或社会或自然为中心的，或是出发点的；但是所用的故事或社会或自然的材料，总以儿童的生活、儿童的心理为根据的……"[1] 确实，当我们想去研究怎么教儿童的时候，首先应该努力去理解孩子是怎么学习的。他们的认知特点是独特的以整体认知为主的方式，我们就需要充分利用孩子这种独特的认知方式来实施课程，让孩子更多地整体地、综合地参与实践和感受，通过经历有意思的课程的过程来获得新的认知，而非拘泥于某一领域、某一教材，生硬死板地教。

在活动方式方面，也应该尽量满足幼儿通过自己喜欢的方式，尽可能多地在探索实践活动中获得多方面的经验，多采用集体、个别、小组活动方式灵活地来进行，不必也不能拘泥于集体活动一种方式。因此，课程活动的进展应该是一种怎样的方式呢？我认为应该是一种符合生活逻辑的、相对自然展开的方式，追随幼儿活动的进程、遇到的问题、可能的需要来顺其自然地展开探索、研究、互动

---

[1]陈秀云、陈一飞：《陈鹤琴文集》，江苏教育出版社，2007年版，第192页。

的进程。如我们的小木屋迎来了"羊爸爸""羊妈妈"和"羊妹妹"一家三口时，中8班《小羊和小羊的家》主题课程也就随机生成了。追随陪伴小羊一家的饲养过程，我们的课程历程是这样的：第一，讨论如何饲养羊，一起收集自己认为羊可能爱吃的食物，尝试喂养它们，据此制定小羊的食谱。第二，给小羊的一家取名字，羊爸爸叫"团团"，羊妈妈叫"圆圆"，小羊叫"美美"。在班级将名字讨论确定后，孩子们想到要分组到全园各班去宣讲，以统一全园一样称呼小羊的一家，不能乱叫。第三，开始对羊的特征感兴趣，仔细观察三只羊，对公羊、母羊、小羊进行比较观察，并进行自己的特别记录，给羊一家做档案。第四，对深入研究羊感兴趣，发起了大讨论，分别提出自己对羊的疑问，讨论进一步研究羊的问题，努力取得同伴支持，一起组队研究羊的某个问题。第五，天气逐渐炎热，开始为羊的生活环境担忧，全力为羊解决院子里太晒、需要乘凉的环境问题。孩子们设计了图纸，给工人叔叔建议搭一个葡萄架的凉棚……这样的课程走向，是自然又独特的，仅对这一群研究羊的孩子们适用。自然的，尊重幼儿学习特点的，满足孩子活动兴趣的课程是"活教育"。①

三、关注周边环境的合理运用，"社会"即"课堂"

幼儿期的孩子，除了幼儿园的共同生活，他们还来自不同的家庭，处于各不相同的小区或城市背景中。每一个孩子的经历、经验是各不相同的，周边社会以及不同的家庭生活会对孩子产生各不相同的影响。陈鹤琴说："幼稚园的课程可以以自然、社会为中心。"② 可是，现代的孩子，他们很少能在大自然"撒野"，也很少有和同龄人尽情玩耍、自由交往的机会。快节奏的生活带给孩子更多的是和电子设备为伴，和"高、新、尖"的玩具为伍。大社会、大自然的教育观一旦落实到具体行为，矛盾就出现了。怕麻烦图省事、怕危险求安稳，诸多的原因制约着自然、社会的教育资源还没有被很好地利用。

当今社会已越来越向着社会化、多元化方向发展，利用自然、结合社会也必定需要把握新的目标、新的意义。具体到幼儿园课程，无论从周围环境的创设、人文资源的有效利用、现代网络化资源的运用都要挖掘新的模式和策略来丰实我们的课程。让现代的孩子也能如我们孩提时那样，享受阳光、空气，可以在周围生活中真切地感受到生活的生动和快乐。《幼儿园的小池塘》《高高的柿子树》《幼

---

① 陈秀云、陈一飞：《陈鹤琴文集》，江苏教育出版社，2007年版，第371—487页。
② 陈秀云、陈一飞：《陈鹤琴文集》，江苏教育出版社，2007年版，第86页。

儿园里的洞洞》《我周围的柜子》《我居住的建发央誉》《四通八达的澄阳路口》《高铁北站》……在真实的、孩子熟悉的场景中观察探究，寻找问题的答案，走向社区与周边社会，用好用对周围广泛又有利的诸多教育因素、教育资源，让周围环境成为孩子们生动灵活的课堂，将幼儿园的课程真正尝试与家庭、社区整合起来，让周围的有利因素都能来为丰富我们的课程服务，将对幼儿园课程质量的提升起到极好的推动作用。

四、关注幼儿的长远发展，"全面"即"平衡"

慢慢来，悄悄长。对3—6岁的儿童来说，一切都是刚刚启程。"课程的目的是帮助孩子目前的生活；课程要从人生实际生活与经验里选出来；主张弹性的课程，适应个别不同的兴趣和能力的儿童；所有课程允许重编；非但要适应目前的需要，尤其应适应其它的新需要。"[1]

幼儿期是人生起步的关键时期，在这个时期务必以培养幼儿全面和谐发展为重心。幼儿园课程的目标必然是全面的、浅显的，它更关注为幼儿奠定对生活积极乐观的态度，获得快乐成功的情感体验，培养广泛乐学的兴趣，关注习惯的养成和能力的培养。而在具体实施时，对幼儿的发展我们应该秉持给予更多的"等待"，目标是长远的而非短时间就能实现的。急于求成，在幼儿身上迫切能够实现目标、看到效果，是不符合幼儿身心发展规律的。因此，在课程实施的过程中，我们应灵活地、发展地、长远地来看待孩子的发展，不要用框架束缚了我们自己的头脑，而要相信：在短时间看来也许不能得到平衡的各领域教育目标，在相当长的一段时间里能自然地得到统一，从而给孩子更多宽松的学习氛围，追随孩子的经验和兴趣，让孩子富有个性地发展。

五、关注方案的持续优化，"评价"即"发展"

1928年，陈鹤琴参与编写了《幼稚园课程暂行标准》[2]，在课程范围部分我注意到，每个内容都有"最低限度"的设定。而在《活教育要怎样实施》一文的"考成"部分，陈鹤琴先生对课程的评价提到了几个方面："在每一个活动完成之后我们就要举行检讨会，把实验参考和发表的三种记录和作品，仔细批评考核；如果小

[1] 陈秀云、陈一飞：《陈鹤琴文集》，江苏教育出版社，2007年版，第35—37页。
[2] 陈秀云、陈一飞：《陈鹤琴文集》，江苏教育出版社，2007年版，第181—191页。

朋友的成绩能够达到最低标准，就给他一个奖章。……我们可以制定几种代表活动中心的木质图案，这种图案，可以用来盖在小朋友的成绩簿上。……教师要抱着学习的态度去教，他需要用一本簿子来记录他的教学情况、困难或心得，以资改进，还可以和同志一起检讨，共同设法解决困难，贡献自己的心得。"[①]可见陈鹤琴先生对课程的评价是持开放、接纳、持续发展的态度的。

给我们的启示是：课程评价的最终的目的应该是对课程起到不断推动、逐渐优化的作用。通过多种渠道的反馈，总结经验，反思不足。实施课程评价应是课程实施的有机部分，体现出综合整体、关注过程优化的评价取向，在实施课程评价时，尽可能把评价的过程有机渗透到课程实施的过程中，体现出评价的随机性、常态化特点，尽可能多角度、多主体参与评价。因此，我们在课程实施的过程中，让幼儿、家长也成为主动的评价参与者，与教师一起审视课程的有效性，探索更为有效科学的实施方法，共同促进幼儿的发展。

首先，特别的"故事本"评价策略。我园在师幼共同实施课程的过程中，会经常让师幼共同进行"教师故事本""幼儿故事本"的记录，从教师、幼儿各自的视角，把课程实践过程中自己遇到的问题、收获、感受、理解等用自己的方式记录下来，这种自然常态的记录方式是课程实践的有机部分，同样也是课程的评价手段之一，从师幼故事记录中对课程方案的实施进行经验梳理，反思成长。当然，"幼儿故事本"里也会收集幼儿各种有意思的作品、探索过程中的活动照片、调查访问记录等，多种多样地综合呈现幼儿在课程经历中的所获所感。

其次，主题评价表策略。教师会依据本主题活动目标，从认识经验、能力水平、情感态度、习惯礼仪多方面列举幼儿的典型行为表现，教师、家长、幼儿共同对主题活动中幼儿的表现进行评价，以"很棒""较好""需要努力"三个等级进行评定，并通过简短的语句相互反馈自己对后续活动目标的规划。

再次，专项评估策略。在学期的不同阶段，我们会根据各年龄段幼儿发展评估规划，对幼儿进行发展水平专项评估，有围绕某个领域发展目标的集体活动、针对部分目标的游戏活动、针对主题实施经验积累的个别交谈等，以此反思课程实践的效度，调整主题活动方案的设计。

① 陈秀云、陈一飞：《陈鹤琴文集》，江苏教育出版社，2007年版，第420-421页。

六、尊重实情的依园而建，"推陈"方"出新"

关注儿童的经验，关注儿童的生活，关注儿童的游戏，一个个有意思的课程活动是园本课程建设的思维在落地运行。

我想，每所幼儿园必定有她自己的样子，课程同样如此。幼儿园的园本课程建设始终应尊重本土文化与本园资源，使她真正具备她该有的样子。幼儿园应潜心分析本园的园所特点，挖掘本土资源，重视常态质量，有策略地推进园本课程建设。我园依托苏大特有的"养天地正气，法古今完人"之文化背景，立足习惯、礼仪、思维的"养"，充分体现文化熏染、环境浸润、动手操作的"润"，生长了"慢慢来，悄悄长"的幼儿园养润文化。依托日常"美妙一刻"时间，为幼儿设置了主题如"春天""劳动""爱与感恩""成长""希望""健康与生命"等相同主题不同年龄段的作品赏析园本教材,融音乐、美术、文学三种类型的作品于一个主题。

同时，园本课程的实施与本土资源、周边生活紧密相关。随着幼儿园园本文化梳理与园本课程资源的不断更新，也就有了源源不断的创生性园本课程落地。如因改建种植园生发的《小鱼的家》中班课程，因幼儿园环境生发的《草坪游戏我来了》小班课程，因周边环境生发的《高铁北站》《优步小区探秘》等，预设与生成相融，日常生活与游戏整合，充分尊重园本资源与幼儿当前生活的"养润课程活动方案"不断得到更新与发展。

因此，在园本课程方案建设的过程中，我提出"尊重实情的依园而建"策略，对一个幼儿园的文化与资源必定需要保持尊重的态度，要努力承袭她原有的文化与课程样态，尊重周边的资源与实情。同时，推陈过程中务必要不断出新，依据当前的发展需要，尊重当下的幼儿实情，进行更为科学有效的判断与预设，把合乎幼儿发展的、受到孩子喜爱的课程活动方案在逐年的方案更新中得到发展。

《周围的柜子》主题课程方案（小班）

主要活动方式：预设

持续时间：3 周（2019 年 5 月 6 日—5 月 24 日）

方案实施：冯雅怡、胡亚楠

主题计划

主题名称:《周围的柜子》	预设实施时间：3 周
主题来源	班级的区域材料深受孩子们的喜爱，但是对于小班孩子来说，收纳整理这些材料却是让人烦恼的事。孩子们发现游戏柜能让玩具材料"有家可回"，让班级看上去井然有序；班级里有各种各样的柜子，比如衣柜、电视柜、保育柜、生活柜、办公柜等，自己家中也有各种柜子；幼儿园其他地方的柜子更是琳琅满目、丰富多样。 我园的柜子种类特别丰富，功能也很多样，这一特有资源成为主题活动内容的源泉。通过《周围的柜子》主题活动，意在引导孩子们发现生活中的柜子无处不在，普普通通的柜子原来还有这么多形态，感受柜子给生活带来了很多方便，柜子真的很有用。
主题前思考	幼儿已有经验与现状分析： 孩子们在日常生活中每天都要将游戏材料收放到各种柜子里，但是利用不同柜子来整理、收纳、分类材料的能力较弱。 主题开展脉络的总体思考： 本主题主要包括三个阶段，分别为"班级里的柜子""户外游戏的柜子"以及"幼儿园里的柜子"，过程中将采用看一看、说一说、画一画、找一找等方法以及设计、收集柜子等形式来开展。
主题目标预设	1. 观察生活中各种各样的柜子，了解并比较其材质、颜色、图案、形状等特点，大胆在集体面前介绍自己熟悉的柜子。 2. 尝试用写生、绘画、制作等多种方法设计柜子，能用好看的图案、花纹进行装饰。 3. 熟悉生活中的各种柜子，养成良好的有序分类整理的习惯；尝试用标记等进行分类辨识与整理，能将物品有序放入柜中，寻找整理的方法。 4. 感受柜子给生活带来的便利,懂得要爱护周围的柜子，平时注意小心搬动，主动参与到清洁、保护不同材质柜子的行动中来。

		主要活动预设	
小组或个别活动	建构区：用小型积木材料搭建柜子。 专室阳光建构：用中大型积木搭建各种各样的柜子。		美工区： 1.设计绘画柜子、装饰柜子。 2.用轻黏土、玉米粒制作立体柜子。 专室阳光创美： 在柜子反面绘画柜子。
	语言区： 1.制作《各种各样的柜子》图册；倾听柜子的儿歌。 2.阅读绘本《凌乱的房间》《全都收拾好》《一起一起分类病》。 专室书屋舞台： 阅读《好玩的大衣柜》《小海狸油漆柜子》等与柜子相关的图书。		科学区： 探索班级里柜子的材质（木头、塑料）、颜色、形状、结构（轮子、带锁、把手）。 专室科探世界： 探索科发室里柜子的材质（木头、塑料）、颜色、形状、结构（轮子、带锁、把手）。
	益智区： 1.《柜子排排队》：按颜色排序。 2.《柜子连连看》：相同柜子连线消除。		扮演区（娃娃家）：擦拭柜子，按标记整理玩具。 生活区：修补标记并整理。

集体活动	集体经验交流与分享： 运用照片或调查表，交流分享生活中看到的柜子，了解并比较其材质、颜色、图案、形状、大小、高矮、结构等。			
	集体学习与游戏	第1周	第2周	第3周
		1.科学：班级里的柜子 2.美术：漂亮的柜子 3.数学：整洁的娃娃家 4.社会：小柜子，我来爱护你	1.社会：寻找户外柜 2.美术：小小柜子设计师 3.歌唱：大柜子和小柜子 4.儿歌：我家有个玩具柜 5.数学：我是收纳小能手	1.美术：有用的体锻玩具柜 2.配配对：专室里的柜子 3.语言："我家的柜子"展览会 4.数学：柜子柜子在哪里 5.健康：衣柜整理小能手

主题环境	1."班级里的柜子"展板，布置柜子照片、幼儿的发现、分类整理的成果等。 2.教室内呈现柜子的装饰作品。 3."户外游戏的柜子"展板，布置寻找柜子的照片以及成品柜子的分类整理。 4.美工区呈现柜子设计图、体锻玩具柜图片。 5."幼儿园里的柜子"展板，布置柜子图片、幼儿的发现以及柜子在哪里。 6."我家的柜子"图册。

日常生活	餐后小故事： 1. 欣赏故事《好玩的大衣柜》，感受宝宝和妈妈捉迷藏游戏的温馨、有趣。 2. 欣赏故事《小海狸油漆柜子》，初步了解如何刷油漆、如何做准备工作、需要什么材料。 散步观察： 1. 观察园内的柜子。 2. 观察柜子在生活中的变化。 分享： 1. 提供与柜子有关的图书供幼儿日常翻阅。 2. 看图了解社会场所中的其他柜子。	
家园共育	友情提醒： 引导幼儿在家参与整理玩具柜、衣柜，提高幼儿生活自理能力，养成有序整理的习惯。 亲子互动： 带孩子外出时有意引导幼儿寻找观察各种各样的柜子。 资源收集： 1. 收集家中柜子的照片。 2. 完成"我看到的柜子"调查表，收集外出看到的柜子照片并打印贴在调查表上，填写相关信息后让孩子带到幼儿园。 家园活动： "故事妈妈 & 爸爸"进班讲述关于柜子的故事。	
主题后反思	主题目标达成度及调整	大部分幼儿能达到预设的目标，例如：能够观察生活中各种各样的柜子，并能用流畅的语言表达柜子的材质、颜色、图案、形状、大小、高矮等；讨论并为柜子画上了一些标记，并且按照这些标记进行了柜子的分类整理。孩子们比较显性的进步为在班级各项活动中，幼儿的整理能力有所提高，班级的玩具、绘本、游戏材料都变得有序了。遇到游戏材料需要整理归类时，幼儿不再束手无策而是非常积极主动地参与整理了，会阅读标记，按图示取放了。
	主题实施过程效度及策略建议	通过三周的时间，从班级的游戏柜子出发再到户外草坪游戏中的柜子，最后到幼儿园里的柜子，在这期间师生通过观察、发现、寻找、讨论等办法研究柜子，从认识柜子的角度又延伸到班级的收纳，整个过程中，老师与幼儿一起讨论，始终作为幼儿活动的支持者、引导者和合作者参与活动，充分凸显了活动中的儿童主体作用发挥，这一策略需要坚持，在后续的主题中进一步加强。

班级主题审议活动记录

审议主题名称	《周围的柜子》（预设）			
年龄班	小班	审议班级	小4班	审议日期	2019年5月5日

参与审议人员	冯雅怡、胡亚楠、袁梅（保育老师）、季瑜玲（小班年级组长）

	审议主要内容要点	有价值的观点提示
主题的适宜性审议	结论：适宜小班开展。 原因如下： 1.周边资源丰富，唾手可得。 2.柜子不仅可以摆放物品，还可以用来收纳，对小班幼儿有探索、认知的重要价值。 3.在生活中常见但不够关注，经验比较零散。	冯：与幼儿一起了解各种不同的柜子，感受柜子的丰富性。 季：要注意由近及远地熟悉不同的柜子，从家、班级到幼儿园。 胡：发现柜子的独特性对小班有点挑战，引导幼儿认真观察很重要。 袁：孩子在生活活动中尝试进行一些劳动，学着擦擦柜子，做些整理，有利于生活能力的提升。 季：区域游戏基本涉及班级各大区域以及幼儿园的多个专室、活动室场，幼儿的游戏活动范围大，游戏机会很多，但要注意活动中的安全和幼儿对陌生环境的适应情况。 冯：在活动中要始终关注幼儿良好的有序分类整理习惯的养成，并注意家园共育。
预设脉络活动开展适宜性审议	游戏规划的适宜性： 1.区域的游戏设计总体与主题吻合度较高，设计的游戏内容涉及各大领域，比较全面，对小班幼儿的学习经验比较适合。 2."能用肢体动作较形象地表现笨重的大柜子和灵活的小柜子"可以结合音乐来进行，赋予柜子音乐的形象更利于幼儿创造性表演。 3.在边念儿歌边动手指的过程中感受关于柜子的手指游戏的乐趣，这个结合有点难，如果适合的手指游戏儿歌比较难找，可以替换一些结合绘本的相关内容表演，幼儿的感受会更深入一些。 4.原计划中"练习图片与实物的匹配"太机械化了，有反复操作训练的感觉，建议修改成辨识生活中的柜子，寻找与图片大概相似的橱柜，进行比较与匹配。	
	集体学习的适宜性： 1.集体学习内容的选择均是必要的，充分尊重了园本资源；就幼儿身边内容的展开探究，幼儿有一定的经验，利于幼儿新经验的建立与扩展。 2.原计划中"让幼儿尝试写生绘画柜子，能用好看的图案、花纹装饰柜子"，这个对幼儿来说难度显然太高了，建议做内容的调整，"涂色、粉刷等"更合适。 3.针对"能在集体面前大胆介绍图片中自己家的柜子"，可给孩子一些必要的支持，引导孩子从材质、颜色、图案、形状、大小、高矮、结构等方面进行介绍。	
	日常活动的适宜性： 1.在生活中了解并比较柜子材质、颜色、图案、形状、大小、高矮、结构等，资源运用特别便利。 2.生活中幼儿尝试将自己的衣服翻正、折叠，有序放入衣柜中，能较好地帮助幼儿感受并掌握整理服装的好方法。	

可提供的支持性材料审议	1．"班级里的柜子"展板可布置柜子照片、幼儿的发现、分类整理的成果等，呈现可多样化一些。 2．教室内呈现柜子的装饰作品可以引发幼儿对生活的热爱，对装饰感兴趣。 3．"户外游戏的柜子"展板布置寻找柜子的照片、过程以及成品柜子的分类整理，对幼儿日常的整理给予较为直观的支持。 4．美工区呈现柜子设计图对幼儿是一种很好的鼓励与肯定，有助于幼儿乐于分享、大胆交流。 5．"我家的柜子"的集册让幼儿的家庭生活与幼儿园生活得到互通，使孩子在园安心，有亲切感。
家园、社区资源及活动审议	1．带孩子外出时有意引导幼儿寻找观察各种各样的柜子。 2．建议幼儿家长协助拍一些家中柜子的照片发送给老师。 3．完成"我看到的柜子"调查表，收集外出看到的柜子照片并打印贴在调查表上，填写相关信息后可让孩子带到幼儿园。

区域活动计划表

主题:《周围的柜子》

实施时间：共 3 周（2019 年 5 月 6 日—2019 年 5 月 24 日）

关键经验与核心目标	1. 尝试用图形绘画熟悉的柜子，学习用简单的图案、花纹进行装饰。 2. 充分发挥想象，设计自己需要或喜欢的柜子，有自己的想法。 3. 区分不同柜子的功用，感受柜子带给生活的便利，爱护柜子，小心搬动。 4. 能用肢体动作较形象地表现笨重的大柜子和灵活的小柜子。 5. 能将衣服翻正、折叠，有序放入衣柜中，寻找整理服装的方法。 6. 参加一些简单的清洁柜子、保养柜子的活动，养成良好的有序分类整理的习惯。 7. 阅读与柜子有关的绘本，并能和同伴说说、看看。				
重点区域	游戏名称	环境或材料（附照片）	玩法	指导要点	行进规划
美工区	漂亮的柜子		1. 提供用立体日历做成的柜子图集以及点、线、图案示范图集。 2. 模仿图集画出不同样式的柜子，并对柜子进行装饰。	1. 引导幼儿自己设计柜子。 2. 可以选择点、线、面等多种方式对柜子进行装饰。 3. 在画的过程中注意不要将图案画出线外。	第1周—第3周
美工区	立体柜子		1. 提供玉米粒、湿毛巾等材料。 2. 利用玉米粒粘贴设计出不同样式的柜子。	引导幼儿在使用玉米粒时注意先在毛巾上润湿，再进行玉米粒之间的连接。	第2周—第3周
益智区	柜子排排队		1. 提供不同颜色的柜子图片若干、四块排序 KT 板等材料。 2. 将不同颜色的柜子按照 ABAB、ABBABB、AABAAB、AABB 等规律进行排序。	引导幼儿在给柜子按规律排序时，数量要排至 6 个甚至 8 个及以上才能看出规律。	第2周—第3周

益智区	柜子连连看		1. 提供各种各样的柜子图片。 2. 将相同的柜子消除。	引导幼儿在游戏过程中注意将连线无遮挡的相同柜子消除。	第1周—第3周
建构区	柜子造型		1. "建筑工地"提供一些纸板、圆柱积木，墙面粘贴幼儿的设计图作品。 2. 建构区提供一些智高积木等。 3. 用不同材料搭建柜子，适当使用辅材。	1. 在搭建的过程中小心走动，避免碰倒作品。 2. 搭建好的柜子可以用一些辅材进行装饰，凸显其类型、作用，例如：在柜子里可以放一些水果、玩具。	第2周—第3周
语言区	各种各样的柜子		1. 收集各种各样的柜子照片，将这些照片做成柜子书籍。 2. 与同伴看看、说说、讲讲生活中的柜子。	引导幼儿与同伴讨论交流时注意类别；同时可以延伸一些柜子的作用。	第1周—第3周
	分类整理收纳的图书		提供与主题相关的图书。自主阅读，更深层次理解分类、整理、收纳。	1. 师幼共读难理解的部分后再投放到区域中。 2. 引导幼幼共读，与同伴互相交流内容。	第2周—第3周
生活区（娃娃家）	小柜子洗澡喽		1. 提供一些抹布、水桶等材料。 2. 用抹布浸水，揉搓拧干后擦一擦柜子。	1. 在擦柜子的活动中培养爱护公物的习惯。 2. 鼓励幼儿把家里面的柜子也擦干净。	第1周—第3周
	整洁的娃娃家		1. 提供贴有绘画标记的多个塑料框。 2. 每次收娃娃家玩具时按标记将玩具"送回家"。	1. 引导幼儿知道这些标记代表着什么意思。 2. 师幼共检分类结果是否正确。	

经历主题

活动1：找找认认班级里的柜子

一、活动目标

1.知道并说出班级里有哪些柜子。

2.能从颜色、大小、高矮等维度说出班级里柜子的特点。

二、活动准备

物质准备：PPT（班级里柜子的图片）。

三、活动过程

（一）图片导入，引起兴趣

1.出示柜子的图片，引导幼儿观察柜子的颜色、大小等外形特征。

2.说一说图片上的物品叫什么名字，它有什么特征。

（二）班级的柜子我知道

1.分组找一找班级中有哪些柜子，并观察其外形特征。

2.小组讨论班级的柜子是什么样子的，有哪些不同（例如：颜色、大小、高矮、材质等）。

（三）分享交流

1.请每组幼儿分享交流他们找到的柜子是什么样子的。

2.教师出示图片，补充幼儿没有说到的柜子。

3.教师总结班级有哪些柜子以及柜子的特点。

活动2：小小柜子（建构天地）

一、活动目标

1.观察认识建构室的柜子。

2.能够运用平铺、垒高、拼插等技能搭建各种各样的柜子。

二、活动准备

场地准备：建构天地专室原有资源（木质积木、插塑玩具、两厘米积木、智高等）。

三、活动过程

1.教师引导幼儿观察建构室的柜子以及已经搭好的柜子造型。

2. 请幼儿说说这个柜子是怎么搭建的。

3. 幼儿分组利用不同的材料搭建柜子，教师巡回、适时指导。

活动 3：我是灵活的小柜子（角色扮演）

一、活动目标

1. 熟悉不同的柜子，乐意通过形象的肢体动作扮演小柜子。

2. 与同伴愉快游戏，能够灵活躲闪障碍物。

二、活动准备

海绵棒、游戏音乐。

三、活动过程

1. 创设情境，引导幼儿扮演各种各样的小柜子。

2. 讲解游戏规则。

3. 出示海绵棒，引导幼儿进行躲闪练习。

4. 幼儿分组进行游戏。

5. 教师总结幼儿活动时扮演的形象性、持续性以及灵活躲闪的情况。

活动 4：整洁的娃娃家

一、活动目标

1. 能够通过集体讨论将娃娃家游戏材料进行分类整理。

2. 讨论不同材料的代表标记，懂得按标记分类。

3. 提高生活自理能力，养成良好有序的分类整理的习惯。

二、活动准备

1. 物质准备：ppt（杂乱娃娃家和干净区域的照片）、一堆杂乱的娃娃家游戏材料（铺在垫子上，放于集体中间）、娃娃家柜子若干、5 个白筐、白板架、标记纸若干（背面贴有双面胶）、马克笔1支、每人一块地垫。

2.场地准备：马蹄形座位（幼儿盘坐在地垫上）。

三、活动过程

（一）若干张杂乱的娃娃家照片导入，引出分类

师：孩子们，你们看，这是什么地方？这样的娃娃家好看吗？为什么不好看？那我们今天就一起来把这些娃娃家的材料分分类、整理一下，让娃娃家看上去更干净整洁、更好看，好不好？

（二）集体讨论，分类整理娃娃家游戏材料

1.出示一堆杂乱的游戏材料以及5个白筐，想想如何分类。

2.师幼共同讨论，幼儿逐个拿起一样的游戏材料，分类整理在白筐中。

3.讨论当前类别。

师：经过大家的努力，我们终于把杂乱的游戏材料分好啦！我们给自己来点掌声吧！最后来看看，一共分成了几类？这几类分别是什么？（厨具类、餐具类、食物类、衣物类、生活用品类）

（三）幼儿讨论各类代表标记，教师现场绘画并粘贴

1.师：现在材料分好类到了各个筐中，那我们以后怎么才能让自己或是让别人知道这个框里放什么呢？（筐上贴标记）

2.幼儿讨论标记内容，教师绘画并粘贴。

（四）巩固类别概念，并将各筐材料送入区域

1.个别幼儿将散落的材料分类入筐，再次巩固分类。

2.各筐材料送入娃娃家相应区域（厨房、餐厅、卧室、阳台）。

（五）师幼共同总结，延伸

师：今天，我们一起解决了一个大问题，帮助娃娃家的游戏材料分类整理并做了标记，这样看起来就更整洁啦，我们小朋友玩游戏时拿出来、放进去也方便多了。在我们的教室里，除了娃娃家，其他区域也出现过玩具杂乱、不记得玩具位置的情况，我们也找时间给它们分分类、做标记，让我们的教室更整洁。

活动 5：小柜子，我来爱护你

一、活动目标

1. 知道班内每种柜子都有它的作用以及如何爱护柜子。

2. 能把小毛巾搓洗拧干，将柜子擦拭干净。

二、活动准备

人手一块小毛巾，每组一盆清水，脏柜子图片一张。

三、活动过程

（一）讨论柜子的作用

师：小朋友们，最近我们认识了班级里各种各样的柜子，它们分别有什么作用呢？是怎么收纳物品的？

（二）说说如何爱护柜子

师：柜子真的很有用，帮了我们很大的忙，让我们的教室里不再杂乱，变得整洁、干净、有序，那么我们应该怎么爱护这些柜子呢？

（三）小柜子洗澡喽

1. 出示脏脏的柜子图片。

师：你们看看这个柜子怎么样？脏柜子还能使用吗？应该怎么办？那我们今天就分工合作，来给班级里的小柜子们都洗个澡，把它们擦得干干净净的，好不好？

2. 幼儿分组搓洗毛巾、拧干擦拭柜子。

（1）香蕉组幼儿——擦拭建筑工地的展示柜、玩具收纳柜。

（2）苹果组幼儿——擦拭益智区的玩具收纳柜、一体机下面的电视柜。

（3）西瓜组幼儿——擦拭美工区的展示柜、玩具收纳柜。

（4）菠萝组幼儿——擦拭娃娃家的玩具家具柜。

（5）葡萄组幼儿——擦拭语言区的书柜、幼儿小衣柜。

（四）总结幼儿的劳动情况并给予表扬

活动 6：寻找户外柜

一、活动目标

1. 通过讨论明确户外游戏柜子的特征。

2. 带着要求寻找柜子，同时认识幼儿园的资源室和仓库及其楼层位置。

二、活动准备

仓库备有若干个塑料三层架子。

三、活动过程

（一）讨论户外游戏材料无处收纳并且杂乱的问题，引出投放户外游戏材料收纳柜子

（二）讨论需要的户外游戏材料柜子应该是怎样的

晒不坏、淋不坏的（金属、塑料）；长得一样的（美观统一）；有三层或四层架（保证容量）；并且有一定高度，塞得下大一点的材料（考虑特殊）；等等。

（三）寻找幼儿园里适合的柜子

1. 带领幼儿去资源室、仓库寻找。

2. 引导幼儿有礼貌地向负责人借用。

（四）将柜子搬至户外游戏区，并延伸出下一次来分类整理

活动 7：我是收纳小能手

一、活动目标

1. 知道并能说出户外搬运游戏的材料。

2. 能够将搬运游戏的材料按标记进行分类整理。

3. 愿意参与分类小游戏，体验整理材料的快乐。

二、活动准备

1. 经验准备：玩过户外搬运游戏。

2. 物质准备：户外搬运游戏材料（烧烤区、煮饭区、野餐区、摄影区）、四个塑料层架、提前准备好的标记。

三、活动过程

（一）了解户外游戏区域与材料

教师带领幼儿来到户外游戏场地，引导幼儿观察游戏材料。

师：小朋友们，你们知道我们的户外游戏有哪些区域吗？这些区域中有些什么玩具呢？

师：这些区域里面，有没有你们不认识的玩具或者是没见过的游戏材料呢？

（二）尝试进行户外游戏材料分类

1. 讨论交流户外游戏材料分类。

师：我们的户外游戏材料有很多，你们有没有什么办法能够让这些玩具看起来整齐一点呢？

2. 出示塑料层架，引导幼儿思考分类的方法。

师：今天老师给大家带来了一个神奇的东西（塑料层架），我们可不可以把

这些游戏材料放到架子里？（引导幼儿用做标记的方法将这些材料放进去，又整齐又方便寻找）

3.出示每个区域的标记，引导幼儿观察。

师：老师这里也有一些标记，你们能看懂吗？我们一起来贴标记吧！

师：现在标记已经贴好了，我们怎么整理呢？（幼儿自由说说）

（三）分一分户外游戏材料

1.分组按标记收拾游戏材料，教师巡回指导。

师：现在就请小朋友们分组按标记将玩具送回家吧！

2.师幼共检，分享交流。

师：刚刚每一组的小朋友都将游戏材料按标记送回了家，那么我们一起来检查一下，看看有没有按标记放好或者是有没有漏掉的游戏材料吧！

（四）讨论层架的位置

1.师幼讨论交流层架的位置。

师：你们觉得一号柜子放在哪个区域比较合适？为什么？二号柜子呢？三号、四号呢？

2.教师总结。

师：今天我们将这些材料按标记送回家了，那接下来收拾户外游戏材料时，我们每次都要把它们按标记送回家。

活动8：儿歌《我家有个玩具柜》

一、活动目标

1.理解儿歌的含义。

2.能够用手指游戏表达儿歌。

二、活动过程

（一）教师出示玩具柜图片，引导幼儿观察

（二）学念儿歌，玩手指游戏

1. 教师讲述儿歌。

师：我家（拍一下手，移动对空合拢）有个玩具柜（打开，大拇指向上），柜子一共有几层（关上门再打开两次），一层二层三四层（从小指一层开始分别弯曲、二层无名指、三层中指、四层食指），我的柜子有四层，一层一层（小指放小指上面，无名指放无名指上面……）关上门。

师：你听到了什么？谁来说说。

2. 教师带领幼儿手指游戏多次。

活动 9：大柜子和小柜子（歌曲）

一、活动目标

1. 知道大柜子发出的声音是大的，小柜子发出的声音是小的。

2. 能够用声音的强弱、肢体动作表示大柜子与小柜子。

3. 积极参与游戏，感受趣味性。

二、活动过程

（一）出示大柜子、小柜子

教师出示图片，引导幼儿观察柜子的外形特征。

师：大柜子发出的声音是什么样子的？小柜子呢？

（二）音乐欣赏，感受音乐的强弱

1. 师：我们来听音乐，你听到了什么？

2. 师：你能用什么动作表现大柜子的声音？小柜子的声音又可以用什么动作表示呢？

（三）师幼共演

师：我们一起跟着音乐来扮演一下大柜子、小柜子。

幼儿分组进行游戏。

（四）点评幼儿的游戏情况：声音强弱的控制以及扮演的形象度

活动 10：专室里的柜子（配配对）

一、活动目标

1. 仔细观察各专室中各种各样的柜子。

2. 了解并比较其材质、颜色、图案、形状、大小、高矮、结构等。

3.感受幼儿园中柜子的丰富多样。

二、活动准备

PPT（各专室柜子图片）。

三、活动过程

1.谈话导入。

2.观察各专室柜子，了解其材质、颜色、图案、形状、大小、高矮、结构等。

观察路线：娃娃舞台→创美乐园→建构天地→宝宝剧场→宝宝书屋→科探世界→阳光骑行→沙水乐园→阳光沙水→阳光建构→游乐天地→种植小院。

3.跟随PPT图片回顾并比较各专室的柜子。

4.总结今日收获，感受柜子的丰富多样，体验不同柜子的多功能收纳。

活动11：我家的柜子"展览会"

一、活动目标

1.感受幼儿园外生活中多种多样的柜子。

2.能在集体面前大胆介绍自己家柜子的形状、材质、颜色、图案、结构、作用等。

二、活动准备

幼儿每人一张自己家柜子的照片（以电脑大图片呈现）、指示棒。

三、活动过程

1.说说近期认识了哪些柜子。

班级、户外、专室的柜子等。

2.幼儿轮流介绍自己家的柜子。

鼓励幼儿从形状、材质、颜色、图案、结构、作用等方面介绍。

3.总结。

（1）生活中的柜子丰富多样；

（2）对幼儿的大胆介绍进行肯定。

活动12：柜子柜子在哪里

一、活动目标

1. 能根据以往经验找到图片中的柜子。

2. 在相应柜子处贴上柜子图标，练习图片与实物的匹配。

3. 巩固加深对柜子的认识。

二、活动准备

若干专室柜子的图片标记、胶带纸。

三、活动过程

1. 出示图片标记，激发兴趣。

师：小朋友们，你们看，老师手上拿了什么？它们分别在什么地方呢？你们知道吗？是不是像刚才小朋友们所说的地方呢？我们一起去找一找验证一下吧！

2. 找柜子，并在相应处贴上柜子图标。

比较图片里的柜子和实物柜子，从多个方面的特点确认这就是图上的柜子。

3. 延伸。

师：我们最近认识了班级、户外、专室以及小朋友家里的柜子，除了这些柜子，我们在外面，比如商场里，还能看到各种各样的柜子，这时候你可以请爸爸妈妈拍下来发给老师，我们再来一起欣赏好吗？

观察记录表

观察时间	2019.05.08	观察地点		班级活动室
观察对象	心心	观察记录		冯雅怡
观察目的预设	观察幼儿是否能运用纸板和原有资源材料搭建出柜子			
观察情境描述				

	客观描述	照片描述
情况实录	观察背景：今天心心第一个来园，她对我说："老师，我想去'建筑工地'。"我回答她："好呀，你今天可以试着搭柜子哦！"她笑着说："好！"本次建构区搭建内容基于前两天对柜子的观察活动。 观察实录：她拿出了几块纸板放在地上，又拿了四根较粗的圆柱积木分别摆在了正方形的四个角上，接着取出一块正方形的纸板架空在四块圆柱积木上，架好后，她趴下身看了看，调整圆柱积木的位置。第一层搭好后，她开始搭第二层。第二层她用了长方形的纸板，并且用了两根粗细中等的圆柱积木架空在两端。第三、第四层，她继续用了长方形纸板，并且分别用了两根较细的圆柱积木架空在两端。 搭完一个柜子，她准备搭建第二个柜子，她取出一块较大的长方形纸板，又取出两根粗细中等的圆柱积木架空在纸板两端，这时，她发现纸板倾斜了，一高一低，于是，她取下纸板，拿起两根圆柱积木放在一起比对。 观察结果： 心心能基于前两天的学习经验，利用纸板和积木搭建出两个柜子，并且两个柜子在大小、外形方面不同。	

情况分析	1. 建构技能、空间概念：心心能利用架空的建构技能搭建柜子，知道大的纸板放底层，并且对称、平衡把握较好；对于上面几层小的长方形纸板，她知道两根积木就能架起；整体空间感较强，最后她还贮藏了一些水果蔬菜在柜子里，搭出的柜子也很形象。 2. 问题的发现、解决：搭建第二个柜子时，出现了层架高低不平的情况，心心能通过比对发现是圆柱积木高度不同导致，经验较丰富。	**分析视角提示** 操作技能、操作时间 操作步骤程序、操作变式创新 克服困难、完成情况 分享交流、记录归档或其他
调整策略	1. 内容调整："建筑工地"墙面布置一些"柜子建构"的欣赏图、设计图。 2. 优化材料：继续提供不同规格的纸板和一些储藏物。 3. 鼓励创新：引导幼儿动脑搭建密封柜。	**调整策略提示** 环境调整、内容调整、材料调整 改变方式、途径建议 学习品质方面提醒或其他

观察记录表

观察时间	2019.05.13	观察地点	班级活动室
观察对象	成成、杰杰	观察记录	冯雅怡
观察目的预设	观察幼儿是否能利用玉米粒制作一些立体柜子		

观察情境描述		

	客观描述	照片描述
情况实录	观察背景:今天成成和杰杰结伴来到了美工区,成成说:"杰杰,我今天要搭一个很酷的柜子!"杰杰回答:"那我跟你搭一个一样的、差不多的,这样我们可以展示在一起。"成成说:"好啊!那你跟着我搭。"说着,两人开始挑选玉米粒,用抹布润湿进行搭建。 观察实录: 成成把三粒玉米粒粘成一条,杰杰也跟着用三粒玉米粒粘成一条,随后成成又用四粒玉米粒分别垂直于长条上下各两粒,杰杰照做。他们俩分别粘好了一个"十字形"。 成成说:"接下来我要在外面围一个圈,你呢?"杰杰回答:"那我围一个长方形吧!"两人开始用很多粒玉米粒围合,成成用了很多颜色,杰杰只挑选了蓝色。 搭好后成成举起说:"看!柜子的顶搭好啦!我要搭下面一层啦!"杰杰也举起自己的说:"我要把这层封一下,这样别人就看不到里面了。" 两人继续粘贴搭建,最后他们都搭建好了带支撑脚的单层柜子,成成的柜子是镂空的,杰杰的柜子外围是封闭的。 观察结果: 两个孩子均能利用玉米粒制作一个立体柜子,虽然杰杰一开始准备拼搭一个和成成一样的柜子,但是在拼搭过程中,他有自己的想法和思考,所以两个柜子还是有差别的。	 

情况分析	1.建构技能、专注力:两个孩子专注度较高,操作得很认真;在做柜子方面很有目标,两人的建构、围合、架空能力也较强。 2.操作步骤、创新:杰杰在最开始是模仿成成搭建,但是从围合开始,他就有自己的想法了,两个孩子都很有想法。 3.交往、分享交流:他们能边讨论边搭建,氛围轻松、融洽、愉悦。	分析视角提示
		操作技能与操作时间
		操作步骤程序、操作变式创新
		克服困难、完成情况
		分享交流记录归档或其他
调整策略	1.内容调整:提供一些柜子的图片供幼儿欣赏,丰富幼儿的表象经验。 2.材料调整:新增轻黏土。 3.鼓励创新:鼓励幼儿做出与别人不一样的小柜子,给自己的柜子取个有意思的名字等。	调整策略提示
		环境调整、内容调整、材料调整
		改变方式或途径建议
		学习品质方面提醒

观察记录表

观察时间	2019.05.22	观察地点	建构天地
观察对象	位位	观察记录	冯雅怡
观察目的预设	观察幼儿是否能运用插塑玩具拼接搭建出各种各样的柜子		

	观察情境描述	

	客观描述	照片描述
情况实录	观察背景：今天专室主题是运用各种材料搭建柜子，位位告诉我他要搭建一个几层的柜子。 观察实录：游戏开始，位位搬出一筐插塑玩具，边拿出几个正方体和几根支架边说："我要搭一个好多层的柜子，这样这个柜子就可以放很多东西了。"说着，他开始搭建。 他用四个正方体和四根支架拼搭出一个正方形，摆放在一边。接着找出四个正方体和三根支架拼成一长条，又拼成了一样的另外一条；随后，他开始用支架将两根长条连接起来，拼搭到第二根时，两根长条之间距离变长，整个图形有点歪了，他用力相对挤压两个正方体，但是并没有变化，他把支架拆了下来，拿出旁边的一根，两根放在一起比对了一下，然后把其中一根长的放回了框里，边放边说："我说怎么不对，原来是长了！"说完，拿起了一根支架，跟原来的一根一比，一样长，他说："这根就对了！"他继续连接两根长条，最后变成了三格正方形。放在一边后，他把原先的正方形继续拼搭成三格正方形，然后把两块三格正方形用支架连接在一起。最后，一个三层的长方体柜子完成了。 观察结果： 今天位位的目标是搭建多层柜子，最终他达到了自己定的目标，搭建了一个三层柜子。	
情况分析	1.观察能力：在搭建的过程中，位位能通过比较发现不同长短的支架并及时调整。 2.建构技能、创新能力：对于多层柜子，位位也能通过最初的一个正方形到后来的三个正方形进行尝试，最终他搭建出了一个非常牢固稳定的长方体柜子，可见他的空间架构能力、思维能力都是比较强的。	分析视角提示
		操作技能、操作时间
		操作步骤程序、操作变式创新
		克服困难、完成情况
		分享交流、记录归档或其他
调整策略	1.内容调整：欣赏一些拼搭作品。 2.材料调整：增加更多插塑玩具，鼓励幼儿尝试搭建。 3.学习品质提醒：尝试挑战自己或与他人合作，搭建更大型、复杂的柜子。	调整策略提示
		环境调整、内容调整、材料调整
		改变方式、途径建议
		学习品质方面提醒或其他

《周围的柜子》主题评量表（示例）

幼儿姓名：小鱼儿　性别：男　年龄：55 个月

项目	评量内容	教师与同伴			家长与幼儿		
		很棒	不错	加油	很棒	不错	加油
五大领域发展	能用肢体动作较形象地表现笨重的大柜子和灵活的小柜子。	★			★		
	能在集体面前从材质、颜色、图案、形状、大小、高矮、结构等方面大胆介绍自己家的柜子。	★			★		
	能够用流畅的语言以及熟练的手指动作表达关于柜子的手指游戏。	★			★		
	在观察各种各样的柜子中了解并比较其材质、颜色、图案、形状、大小、高矮、结构等。	★			★		
	能和同伴讨论确认同类物品材料的标记，并根据标记进行分类整理。	★			★		
	尝试写生柜子，能用好看的图案、花纹装饰柜子。	★			★		
	感受柜子带给生活的便利，逐渐爱护柜子，愿意清洁柜子。	★			★		
学习品质	能将衣服翻正、折叠，有序放入衣柜中，寻找整理服装的方法。	★			★		
	获得有关柜子的方位知识，如：上下、里外等。	★			★		
	能大胆观察、思考并发挥想象，设计各种形态、功能、作用的柜子。	★			★		
行为礼仪习惯	愿意与同伴友好相处，懂得互相谦让。		★			★	
	能做一个有心人，观察生活中司空见惯的事物。	★			★		
	提高生活自理能力，养成良好的有序分类整理的习惯。	★			★		

老师对你说：亲爱的小鱼儿宝贝，在本主题中，我们一起认识了幼儿园里司空见惯的柜子；在探索中，我们发现了柜子种类丰富、形态各异，切实感受到了柜子发挥的作用，还学会了有序分类、做标记、整理物品，真是太能干啦！

朋友对你说：小鱼儿，我觉得我们身边有好多好多柜子呀！我喜欢和你一起去建构区搭建柜子，你有一次还帮助了我，谢谢你！画画的时候你设计的柜子真有意思，长得很好看，而且它还能飞，真是太厉害啦！

家人对你说：宝贝，这阶段明显感觉到你对家里的柜子非常关注，还把学到的知识本领教给家人；外出时，你对外面的柜子也很感兴趣，观察得很认真仔细；并且这阶段你能更有序、有耐心地整理家里的玩具了，非常好！要继续跟着老师认真学本领，加油！

《周围的柜子》主题相关绘本资源

序号	绘本	主要概要	使用建议
1		利用大小箱子、标签、钉板等物品进行分类整理收纳。	日常阅读
2		通过排序、复合分类、绘制统计图表等，加强孩子们在日常生活中运用数学知识的能力。	日常阅读
3		学会如何把乱丢乱放的东西整理归类。	日常阅读
4		如何刷油漆、怎么样做准备工作、需要什么材料，以及怎样用现有的颜色调出没有的颜色。	日常阅读

《周围的柜子》主题实物资源

序号	物品名称	图片	使用建议
1	漂亮的柜子		美工区
2	立体柜子		美工区
3	柜子排排队		益智区
4	柜子连连看		益智区
5	柜子造型		建筑工地
6	各种各样的柜子		语言区
7	收纳分类整理的图书		语言区
8	小柜子洗澡喽		生活区

9	整洁的娃娃家		娃娃家
10	幼儿园各专室的柜子		集体活动、专室活动
11	玩具标记柜		区域活动
12	插塑玩具搭建柜子		建构区
13	班级里的柜子		日常活动
14	班级小衣柜		日常生活
15	幼儿故事本柜子		日常活动
16	寻找户外柜		教学活动
17	收纳小能手		户外草坪游戏

《周围的柜子》主题其他资源

序号	资源类别	资源名称	使用建议
1	音乐资源	《大柜子和小柜子》	集体教学
2	图片资源	《我家的柜子》：幼儿自己家中柜子的照片	集体教学
3	图片资源	《小小设计师》：各种各样柜子的图片	集体教学
4	图片资源	《专室里的柜子》：幼儿园各专室柜子的照片	集体教学

《周围的柜子》主题文学作品资源

语言（手指游戏）：我家有个玩具柜

我家（拍一下手，移动对空合拢），有个玩具柜（打开，大拇指向上），柜子一共有几层（关上门再打开两次），一层二层三四层（从小指一层开始分别弯曲，二层无名指、三层中指、四层食指），我的柜子有四层，一层一层（小指放小指上面，无名指放无名指上面……）关上门。

主题环境

环境说明：

孩子们在建构区、美工区进行的各种材质物品搭建或制作柜子的作品呈现。

环境说明：

美工区孩子们绘画设计各种各样柜子的作品，以及建构区的柜子搭建图纸设计展。

环境说明：

语言区推荐的与柜子整理收纳相关的绘本书籍。

与课程共成长：

教师感悟：

柜子以各种形态存在于我们周围，分布在各个角落，数量种类繁多。本次主题活动开展顺利，结束班本活动后，老师像孩子们一样，收获满满，成就感满满。在确定了本主题的三个阶段后，放手让孩子们去充分寻找、观察、发现、讨论，对象大多为实物，孩子们通过看一看、摸一摸、说一说、想一想、画一画、找一找等形式来开展。

我们还从柜子的角度延伸到物品的整理和收纳，印象最深的是在班本期间的家长开放半日活动中，老师和孩子们一起解决了娃娃家玩具整理杂乱的问题，孩子们一起讨论并尝试分类娃娃家的游戏材料，最后商讨代表标记、绘画标记，将一筐筐整理好的玩具送回娃娃家相应区域，整洁的娃娃家美观极了。通过本次活动，孩子们懂得了可以通过分类、做标记来整理物品，逐步养成良好的有序分类整理的习惯，家长们也纷纷赞扬这一创新型的结合日常生活的集体学习活动。

在此过程中，我们还延伸到家里的柜子以及周围生活中的柜子，幼儿的视野、眼界、思维得到了开阔，学习不仅仅局限于园内。

幼儿发展：

通过本主题活动，孩子们较全面地观察了生活周围各种各样的柜子，能发现柜子在外形特征、材质、结构等方面的不同并乐意表达；感受到柜子给我们的生活带来了便利，懂得要爱护它们；除了日常小心搬动，大家还一起清洁柜子，整理柜子，贴上标记，进行分类；班级的玩具、绘本、图书都变得井然有序了，孩子们的生活自理能力、良好的有序分类整理习惯也在其中得到发展。

除此以外，孩子们的语言表达能力、观察绘画能力、创新能力、模仿表现能力，在大胆介绍、绘画设计、装饰制作、韵律游戏的过程中也不断提升。

后期调整：

在主题活动开展过程中，我们充分调动了家长资源、社会资源，请家长帮助孩子收集家中柜子的照片，带领孩子去不同地方寻找柜子并完成"我看到的柜子"调查表，但是园外的探索仅限于此；另外，活动开展的形式以集体学习活动偏多，小组活动等形式略少，且认真细致观察方面有一定的挑战性，活动内容还是不够深入。因此，在园外社会资源开发和利用方面，在活动开展的广度、深度方面，还有待改进和提升。

《小鱼失踪案》主题课程方案（中班）

主要活动方式：生成

持续时间：四周（2020 年 10 月 12 日—11 月 6 日）

方案实施：叶安琪、钱奕雯

第一周：活动进程、可能性预设与要点记录

可能的发展目标	1. 观察小鱼失踪现场的痕迹并利用各种方式进行证据的搜集、记录。 2. 讨论、猜测小鱼失踪的合理可能性并提出可能的实验方法。 3. 进行资料的搜集与交流，了解小金鱼的生活习性与天敌。 4. 尝试以小组活动的形式进行不同可能性实验的讨论、设计与准备，有较强的探索、探究欲望与能力。			
课程发展的关键线索与主要路径	教室里饲养的小金鱼莫名失踪了，只留下了空鱼缸和地上的痕迹，对于小鱼的去向孩子们众说纷纭。本周主要带孩子针对小鱼的失踪展开讨论，提出合理可能性，假设成立不同实验小组，制定实验方案。在设计与准备的过程中孩子们会发现很多问题，如小金鱼可能是谁的食物、如何收集实验证据等，根据这些问题我们会进行下一步探究。			
动态栏	第 1 天	第 2 天	第 3 天	第 4 天	第 5 天
上午主要活动记录	1. 集体讨论：小鱼失踪案。 要点：观察失踪案现场并记录现场物证。对小鱼失踪的原因进行初步的猜测。 2. 室内区域：重点指导——语言区：将小鱼失踪案进行故事本的记录。	1. 集体讨论：梳理小鱼失踪的可能性——被吃掉；被偷走等。 2. 分组活动：讨论小组实验方向和思路并记录。	1. 集体活动：我的实验方案 要点：讨论小组实验方案中需要预设的内容。 2. 室内区域：重点指导美工区：小鱼去哪了	1. 小组活动：讨论并完成初步的实验设计单记录。 2. 集体讨论：分享各组实验方案，讨论后进行设计单的改进与完善，确定最终实验方案。	1. 分组活动：寻找实验材料，协助毛发组准备和制作实验道具、布置实验场地。 2. 室内区域：重点指导—— 科学区：粘粘胶； 语言区：游来游去的鱼； 生活区：照顾小金鱼。
下午主要活动记录	室内区域：重点指导——科学区：小鱼的天敌。	户外游戏：网小鱼。	绘本共读：小金鱼逃走了。	专室活动：科探天地：鱼鳞。	表演游戏：逃跑的小金鱼

日常生活	前预设要点	1. 引导幼儿对金鱼、校园中的小猫等自然物进行认真细致的观察。 2. 搜集关于小金鱼的科普图书、视频等，了解小金鱼的生活习性以及天敌等。	实际进展记录	1. 了解小鱼的天敌，对小鱼失踪案设置了切实的可能的目标。 2. 养成及时将自己的发现记录下来的习惯。
环境支持		1. 自然角中继续饲养金鱼并引导幼儿进行观察和保护。 2. 收集有关金鱼的绘本，投放到语言区。		1. 将幼儿搜集的关于"小鱼失踪案"的证据以及调查表进行了展示分享。 2. 科学区提供拍立得、放大镜、手机设备等方便幼儿进行证据的搜集与记录。
家园共育		1. 合作完成"小鱼失踪案"调查表。 2. 通过看视频、图片等方式了解金鱼的生活特性。 3. 利用周末带幼儿到花鸟市场、生态园等了解小金鱼的生活习性。		1. 家长和幼儿共同完成了小鱼的调查表。 2. 和孩子一起观看了有关小金鱼的视频。 3. 家长带幼儿到自然科学馆、生物馆等场所了解小金鱼的习性和天敌。
实施后发展目标梳理	1. 观察小鱼失踪现场的痕迹并利用各种方式进行证据的搜集、记录。 2. 根据小鱼失踪的可能性成立毛发组、脚印组、陷阱组和录像组，讨论可能的实验方法。 3. 了解小金鱼的生活习性与天敌，照顾与保护教室里的小金鱼。 4. 协助毛发组完成了实验方案的设计与实验场地、道具的布置。			
周课程实施反思	本周孩子们对小鱼失踪案完成了由抽象到立体的大致构想，并根据各自的兴趣和猜想选择喜欢的小组，进行了实验方案的初步设计。在小组活动中，孩子们的个体经验得到了共享，在此基础上也进行了分工合作。在了解小金鱼的过程中，孩子们也能更好地照顾和保护小金鱼了。但目前设计的实验方案是否具有实际的操作性，还需要通过后期的实验进行进一步的验证与推理，毛发组的实验是否会成功？期待下个星期的实验成果。			

第二周：活动进程可能性预设与记录

可能的发展目标	1. 自主搜集, 分享猫、黄鼠狼和鸟的资料, 进一步了解三种动物的外形特征。 2. 分小组设计切实可行的实验方案并进行操作, 能够根据实验结果进行分析、判断与总结。 3. 探寻幼儿园中小猫的身影并用多种方式进行记录。 4. 以小组活动的形式自主审议方案、布置实验、记录结果, 发展同伴合作与交往能力。				
课程发展的关键线索与主要路径	四个小组的实验方案基本定型, 本周脚印组将通过实验结果对"凶手"进行进一步的侧写, 而其他组将展开实验材料的收集与布置。但设计的实验方案是否有效? 很多不确定因素会影响实验的结果。孩子们针对实验结果会进行怎样的分析判断建立在对几种动物的认知上, 因此我们将时刻关注幼儿在活动过程中的情况, 并准备在必要时给予他们支持和引导。				
动态栏	第6天	第7天	第8天	第9天	第10天
上午主要活动记录	1. 集体讨论：猜测毛发组实验获取毛发的主人, 提出可能的"嫌疑人"(猫、鸟、黄鼠狼)。 2. 分组活动：毛发组：实验记录与嫌犯侧写；其他组：根据毛发组实验结果调整完善实验方案。	1. 集体活动：资料分享会：幼儿分享收集到的资料, 丰富对黄鼠狼等"嫌疑人"的认知。 2. 小组活动：制作疑犯资料卡 室内区域：重点指导； 益智区：脚印对对碰。	1. 谈话活动：集体审议脚印组实验方案并讨论合适材料。 2. 小组活动：脚印组：寻找材料并保存；其他组：协助脚印组布置实验道具与场地。	1. 谈话活动：神奇的小脚印。 2. 小组活动：脚印组：实验结果记录及嫌犯侧写；其他组：观察、记录脚印轨迹。 3. 专室活动：创美乐园、脚印地图。	集体讨论：凶手是哪只猫。 结论：需要陷阱组或摄像组的进一步实验。 2. 专室活动：阳光创美、写生幼儿园里的猫。 3. 故事本记录。
下午主要活动记录	专室活动：沙水乐园、小鱼乐园。	户外游戏：小鱼小鱼在哪里。	室内区域：重点指导——美工区：脚印印章。	户外活动：幼儿园里的小猫。	音乐游戏：猫来了。

日常生活	前预设要点	1.引导幼儿对幼儿园里的小猫进行探寻与观察。 2.搜集关于猫、黄鼠狼、鸟的科普图书、视频等，了解几种动物的生活习性以及脚印、毛发等特征。 3.关注小组实验的进程并进行及时记录。	实际进展记录	1.对实验结果进行记录并创作了美术作品《脚印地图》。 2.对猫、黄鼠狼和鸟这三种疑犯的脚印、毛发有了较为深入的认知。 3.户外活动中探寻到了幼儿园里的两只猫并对毛发进行观察与故事本记录。
环境支持		1.益智区投放游戏材料帮助幼儿感知不同脚印的形态以及与动物的对应关系。 2.语言区投放故事小书，鼓励幼儿记录小组探索故事。 3.将幼儿搜集的关于三种疑犯的调查资料进行展示分享。		1.展示美术作品《脚印地图》。 2.制作嫌犯资料卡并进行了分享与展示。 3.益智区投放《脚印对对碰》游戏。
家园共育		1.观察生活中不同动物的脚印。 2.收集有关金鱼、猫的绘本进行阅读。 3.协助幼儿收集关于猫、黄鼠狼和鸟的图文资料。		和幼儿一起收集了有关小鱼的绘本。 带幼儿去户外寻找了小猫的踪迹。
实施后发展目标梳理	1.了解三种疑犯脚印特征，通过脚印组的实验确定"凶手"。 2.审议脚印组的实验方案并协助脚印组完成了实验的布置与记录。 3.创作美术作品《脚印地图》，对不同动物的脚印特征表达较为细致。 4.在幼儿园中探寻到了两只小猫的身影并运用记录与写生区别特征。			
周课程实施反思	本周孩子们完成了毛发组与脚印组的实验。这两组实验出乎意料的成功，而这也来源于孩子们充分的前期准备。而接下来三组的实验难度将逐步提升，孩子们的实验是否还能一次性成功，如果失败了孩子们还是否有兴趣与意志进行进一步的改进与调整？我们又该如何支持孩子们的活动？这对于我们来说都将是一次重大的考验。			

第三周：活动进程可能性预设与要点记录

可能的发展目标	1. 摄像组、陷阱组根据实验的进程与初步结果进一步调整本组的实验方案。 2. 分小组进行进一步实验，能够根据实验结果进行分析、判断与总结。 3. 观察幼儿园中的流浪猫并记录他们经常出现的地点。 4. 进一步了解流浪猫的生存现状与环境，对流浪猫的觅食活动展开讨论。				
课程发展的关键线索与主要路径	上周毛发组、脚印组已经完成了实验并得出了初步的实验结论：吃掉小鱼的"凶手"是幼儿园里的流浪猫。本周我们将通过陷阱组和摄像组的实验得到更直观的实验结果进行验证。与此同时,我们将引导幼儿进一步走近、关注幼儿园里的小猫。				
动态栏	第 11 天	第 12 天	第 13 天	第 14 天	第 15 天
上午主要活动记录	1. 集体谈话：回顾上周脚印组实验。 2. 小组活动：脚印组：继续完善路线图； 毛发组：标记出小猫可能出现的地点； 摄像组：寻找材料，继续完善实验方案； 陷阱组：审议方案，寻找材料，思考和布置实验。	1. 谈话活动：哪里有问题。要点：梳理陷阱组实验问题并提出调整方案。 2. 小组活动：分小组搜集实验材料并协助陷阱组布置二次实验。 室内区域：重点指导——语言区：小猫的教室旅程。	1. 集体讨论：讨论实验失败的原因及优化方法。 2. 小组活动：陷阱组：实验道具的改造布置； 毛发组、脚印组：完善调查表、脚印路线图； 摄像组：审议实验方案，始布置实验。	1. 集体活动：录像见面会。观看录像，找到"真凶"，观察特征。 2. 讨论对待"凶手"的方法。 3. 室内区域：重点指导——美工区：幼儿园里的猫。	1. 集体活动：很高兴认识你。 2. 小组活动：我为小猫做介绍。 3. 专室活动：创美乐园：《住在幼儿园里的猫》主题创作活动。
下午主要活动记录	室内区域：重点指导——语言区《住在幼儿园里的猫》剧本创作。	音乐欣赏：《小猫在哪里》。	户外活动：有趣的钻笼。	表演游戏：《住在幼儿园里的猫》。	绘本欣赏：《亲爱的小鱼》。

日常生活	前预设要点	1. 在校园中观察小猫，对小猫经常出没的地方做上标记。 2. 搜集关于流浪猫的科普图书、视频等，了解流浪猫的生存现状。 3. 自主搜集可进行录像的设备，探究夜间可以进行摄像的方法。 4. 对小组实验结果进行分析与总结并进行记录。	实际进展记录	1. 观察幼儿园里四只猫的不同特征并以此给他们分别取名彩虹、花花、奥利奥和黑黑。 2. 扮演小猫的角色，在游戏中培养了合作精神和团队意识，也更深入地了解了流浪猫。 3. 探究手机摄像的角度与可拍时长，成功完成了夜间录像的任务。
环境支持		1. 生活区提供摄像头、照相机等摄像设备，引导幼儿探究夜间进行摄像的条件与摄像角度。 2. 语言区投放关于流浪猫的绘本。 3. 主题墙更新各小组实验记录。		1. 在生活区对比了小相机与手机的拍摄效果，并通过试验找到拍摄陷阱的最佳角度。 2. 了解四只猫的外形与性格特征，布置《幼儿园里的猫》展览墙。 3. 语言区展示作品《住在幼儿园里的猫》。
家园共育		1. 观察社区周围的流浪猫，了解其生活习性。 2. 协助幼儿收集关于流浪猫的绘本。 3. 利用家中的摄像、照相设备探究摄像的条件与对应角度。		1. 和幼儿一起阅读了有关流浪猫的绘本。 2. 指导孩子关注小区、社区中的流浪猫。
实施后发展目标梳理	1. 分组完成自己小组的实验，能通过摄像组的录像观察成功找到凶手。 2. 积累前期的观察与探寻经验，找到幼儿园里的四只猫并给他们取喜欢的名字。 3. 观察幼儿园中的流浪猫并记录他们经常出现的地点。 4. 初步了解了流浪猫的生活环境，并逐渐认识到猫吃鱼只是一种自然的天性。			
周课程实施反思	本周孩子们进行了陷阱组、摄像组和录音组的实验，其中陷阱组的实验过程较为坎坷，本周陷阱组的孩子也经历了两次的失败，但值得庆幸的是孩子们并没有被失败打击，而是能够通过现场留下的痕迹对自己的实验布置进行反思和调整。在摄像组完成实验后孩子们也终于认识了小鱼失踪案的凶手。我们应该用怎样的态度、怎样的方式对待幼儿园里的流浪猫是下周研究的重点。			

第四周：活动进程可能性预设与要点记录

可能的发展目标	1. 通过纪录片、绘本等途径了解流浪猫的生存现状，生发理解、关爱流浪猫的情感。 2. 观察幼儿园里的流浪猫的生活环境与现状，探究他们可能需要的帮助。 3. 分小组进行对小猫环境改造的设施设计与材料收集，在帮助下尝试制作、布置小猫游乐场，宣传幼儿园里的四只小猫。 4. 整理、制作故事大书并通过故事大书展展示我们的探究旅程。
课程发展的关键线索与主要路径	至本周，孩子们完成了所有的实验并找到凶手花花。在逐渐意识到猫吃鱼是小猫的一种天性后孩子们对流浪猫的态度也逐渐转变。本周我们围绕这些流浪猫，通过绘本及实地观察等方式探寻他们的生存现状并尝试用适宜的方式走近他们的生活，提供力所能及的帮助，同时分组制作我们的故事大书。

动态栏	第 16 天	第 17 天	第 18 天	第 19 天	第 20 天
上午主要活动记录	1. 小组活动：整理小组活动材料并通过点数或数字进行排序。 2. 集体活动：住在幼儿园里的猫。 3. 室内区域：重点指导——表演区:《住在幼儿园里的猫》剧本排练。	1. 集体讨论：故事大书有什么。欣赏故事封面，了解封面是由哪些部分组成的。 2. 小组活动：分小组讨论并创作故事封面，装订故事大书。	1. 集体讨论：生活中对待流浪猫的方式。 2. 宝宝剧场：介绍并欣赏纪录片《爱猫之城》，引导幼儿感受人们对流浪猫的接纳与关怀。 3. 故事本记录：记录并分享自己的观后感。	1. 集体活动：语言：住在树上的猫。 2. 阳光创美：住在幼儿园里的猫； 攀爬架组：设计制作猫咪攀爬架； 名牌组：绘制四只猫咪的名牌； 小猫帐篷组：装饰小猫帐篷； 猫屋组：利用自然物装饰猫屋。	1. 集体活动：美术："我的故事大书"展览会。 2. 小组活动：脚印组安插猫咪名牌； 陷阱组收集猫咪食物； 毛发组铺设猫咪小屋； 摄像组宣传四只小猫的故事。
下午主要活动记录	户外活动：我和小猫捉迷藏。	儿歌欣赏：《我是一只流浪猫》。	室内区域：重点指导——建构区：搭建猫屋模型。	专室活动：宝宝书屋：《住在幼儿园里的猫》童话剧表演。	室内区域：重点指导——语言区:《我和小猫的20天》。

日常生活		1. 观察住在幼儿园里的猫的生活环境并思考他们需要的帮助。 2. 为幼儿园的四只小猫制作名牌，帮助更多的人认识、了解、尊重他们。		制作了小猫帐篷、食盆、猫屋等生活设施并布置了小猫游乐场，改善了流浪猫的生活环境。 排练并表演童话剧《住在幼儿园里的猫》。
环境支持	前预设要点	1. 提供大记录纸引导幼儿将小组实验结果进行记录并整理装订。 2. 继续投放关于流浪猫的绘本至语言区。 3. 将各小组幼儿的实验进程和结果及时更新于主题墙，展示实验的记录与成果。	实际进展记录	布置《小鱼失踪案》主题墙，展示探究旅程及不同形式的幼儿作品。 举办了《我和小猫的20天》故事大书展览。
家园共育		1. 与幼儿共同欣赏流浪猫的绘本、故事、纪录片等，讨论对待流浪动物的正确态度与方式。 2. 在休息日带领孩子去公园、小区内寻找身边的流浪猫，观察记录并引导孩子用安全的方式给流浪猫关怀等。		1. 通过线上故事大书展直观地了解了幼儿的探究旅程并给予了积极评价。 2. 共同讨论对待流浪动物的态度应包含理解与尊重，提供力所能及的帮助，不随意打扰他们的生活空间。
实施后发展目标梳理	1. 共读绘本《住在树上的猫》，了解流浪猫的生存现状，产生与流浪猫的情感共鸣——喜爱、理解、关怀流浪猫。 2. 整理并装订故事大书，直观地展现各个小组的探究旅程。 3. 为幼儿园里的流浪猫提供小猫帐篷、食盆等设施，布置温馨灵动的猫咪游乐园。 4. 乐意表演童话剧《住在幼儿园里的猫》，体验合作表演的快乐。			
周课程实施反思	在了解了流浪猫的生存现状和生活习性后，孩子们由开始的对立逐渐转变为接纳的态度。本周的活动很成功的一点是引导幼儿更加客观地看待自然法则与生命。而在此基础上孩子们又针对"收养还是帮助"这一问题进行了观点的碰撞。虽然没有标准答案，但作为教师我们仍希望幼儿能从自身的经验出发，共情自然界中的生物，理解平等与尊重的重要意义。			

经历主题

第 1 天：谈话活动《小鱼去哪了》

活动过程：

1. 发现不可思议的景象。

（1）地上有什么？

（2）小鱼消失了？它去哪里了？

2. 共同探讨让小鱼消失的凶手是谁，为什么。

（1）被吃掉——各类动物。

（2）被偷走——人为。

3. 讨论什么方式能记录下晚上发生的事情。

录像、用胶带粘取毛发、布置陷阱捕捉凶手、让凶手留下脚印。

主要经验获得：

1. 猜测小鱼失踪的合理原因，探寻可能的实验方法。

2. 梳理已有经验，充分发挥想象力。

第 2 天：小组活动《实验方案初制定》

活动过程：

1. 根据幼儿讨论的方法成立四个实验小组：毛发组、脚印组、陷阱组和摄像组。

2. 根据自己的兴趣选择实验小组加入并选举小组长。

3. 各小组绘制实验方案。

（1）统计组内人员并记录学号。

（2）各小组组长协商实验的先后顺序与时间。

（3）提出可能需要的实验工具并记录。

（4）绘制实验步骤图。

主要经验获得：

1. 熟悉小组成员，建立同伴合作基础。

2. 初步了解了本小组的实验步骤与可能需要的实验道具。

3.确定了各小组的实验顺序：毛发组→脚印组→陷阱组→摄像组。

第3天：集体团讨《毛发组实验方案审议》

活动过程：

1.毛发组组长介绍本组实验方案。

2.各小组讨论：毛发组实验的可行性。

（1）实验需要的材料是否常见。

（2）实验能否在无人的情况下开展。

（3）实验的结果能否给我们提供有效线索。

3.调整实验方案，确立实验步骤。

（1）将原本实验方案中的双面胶调整为黏性更强、面积更大的透明胶带。

（2）确立布置"粘粘网"来粘取凶手毛发的方案。

4.结合毛发组实验引导其他组孩子进行进一步的思考。

（1）实验方案可行性高吗？是否还需要调整？

（2）毛发组的实验结果可能给你们提供怎样的帮助？

主要经验获得：

1.从可行性的角度对实验方案进行审议与调整，锻炼了思维能力。

2.确定了毛发组的实验方案和材料，熟悉实验步骤。

第5天：小组活动《毛发组小实验》

活动过程：

1.搜集实验材料。

（1）幼儿分组在教室中寻找实验方案中需要的材料：透明胶、小椅子、垃圾桶、鱿鱼丝。

（2）将搜集到的材料统一放置在作为实验场地的教室前。

2.布置实验场地。

（1）将四个小椅子分四个角摆在教室前，中间留有空地。

（2）将透明胶带缠绕在四张椅子之间，把有黏性的一面朝里。

（3）在椅子中间摆上装有鱿鱼丝的垃圾桶。

3. 实验记录。

（1）将现场的实验情况记录在实验大纸上并做一些标注。

（2）准备好放大镜用作明天观察。

主要经验获得：

1. 在方案制定后分组寻找到了实验材料，锻炼了观察能力与合作能力。

2. 自主布置了毛发组的实验道具和场地，锻炼了动手能力。

第7天：资料分享会

活动过程：

1. 展示并介绍自己所搜集到的资料。

（1）请带资料的小朋友为大家介绍：你搜集了哪几种动物的资料？它们都有哪些特征？

2. 整理归纳经验。

（1）梳理调查的动物种类：猫、鱼、鸟、黄鼠狼。

（2）梳理调查的纬度：外形、毛发、脚印、食物、习性。

（3）用表格、分类图等幼儿喜欢的方式进行经验的自主整理。

3. 分小组制作资料卡。

（1）小组经验分享交流。

（2）提供黑色卡纸、双面胶、剪刀等材料，引导幼儿自主整理，制作小组资料卡。

4. 小组资料卡分享展示。

主要经验获得：

1. 在活动中共享了关于调查的动物的相关经验，丰富了认知。

2. 在整理资料、制作资料卡的时候需要归类资料，锻炼了逻辑思维能力。

第8天：益智区《脚印对对碰》

活动过程：

1. 搜集小动物的资料，了解不同类型动物的脚印的样子。

2. 制作操作卡。

（1）将资料中动物及其脚印、毛发的图片剪成一样大小的操作卡进行塑封。

（2）提供操作底板，底板为两列三行，格子与操作卡大小一致。

3. 寻找动物卡片及对应的特征卡片。

（1）找出动物卡片，放在第一列。

（2）找出每种动物对应的特征卡片，放在第二列。

4、熟悉游戏后可以将脚印与毛发、脚印与尾巴等进行对应以增加难度。

主要经验获得：

了解了猫、黄鼠狼、鸟三种动物毛发、脚印及尾巴的不同特征。

第8天：小组活动《脚印组小实验》

活动过程：

1. 分组搜集实验材料。

（1）根据实验方案，各小组分组收集颜料、海绵、防水布、胶带、白纸、垃圾桶和鱿鱼丝。

（2）其他材料在教室里都可以搜集到，脚印组单独去资源库搜集大海绵。

2. 布置实验道具与场地。

（1）在教室前铺设防水布。

（2）在防水布上铺上大海绵，海绵中间挖洞，放上垃圾桶。

（3）将蓝色颜料加水调和好，浇在海绵里。

（4）在海绵周围用透明胶贴上一圈白色卡纸。

3. 将实验布置过程记录在故事本和实验大纸上。

主要经验获得：

1. 感知了不同材料的贮水性，提升了探究能力。

2. 分工合作完成了实验的布置，提升了同伴合作能力。

第12天：小组活动《陷阱组小实验》

游戏过程：

1. 分组搜集实验材料。

（1）根据实验方案，分组搜集纸箱、小刀（在成人监督下使用）、桌布、食物、盖子和支架。

（2）没有找到合适大小的盖子，用了孩子们平时放玩具的收纳盒代替；没有找到合适的支架，幼儿用积木搭建支架。

2. 布置实验道具和场地。

（1）在纸箱上面用记号笔做好标记，挖出大洞。

（2）洞上铺上桌布并放好食物。

（3）用积木支架支撑住盖子，支架一端顶在洞的边缘。

3. 在故事本和记录纸上记录实验过程。

主要经验获得：

自主布置实验场地设置了简易的小陷阱，发挥了动手能力与探究能力。

第14天：录像见面会

游戏过程：

1. 观看录像，找出"凶手"。

（1）观看摄像组拍摄到的录像。

（2）用自己的语言描述"凶手"的外形特征和作案过程。

2. 提问：凶手找到了，我们该如何对待他？

3. 提问：猫吃鱼是"凶手"还是"天性"？

4. 总结：猫吃鱼是猫的天性，并不违背道德和常理。我们需要在了解小猫的生存处境后讨论对待他们的态度与方法。

主要经验获得：

1. 通过录像直观地找到了"凶手"，并用自己的语言描述了它的特征，锻炼了观察能力与表达能力。

2. 了解猫吃鱼是天性，不应因此而对他们带有抵制情绪。

第16天：语言活动《住在树上的猫》

活动过程：

1. 谈话导入，分享对于幼儿园中的流浪猫的认知。

（1）幼儿园中有没有流浪猫？

（2）他们生活在什么地方？

（3）你喜欢流浪猫吗？

2. 出示主人公，分组阅读，理解故事情节，完成流浪猫的流浪之旅。

（1）看，这是谁？他还有个很神奇的名字：二王子。

（2）老师这里也有一个关于这只流浪猫的小故事，这本故事册就放在每组的桌子上，请小朋友们自由选择小组，根据图片上方的小标记按顺序欣赏绘本，理解故事内容。

3.分组讲述故事内容并进行完善。

4.完整阅读，体会流浪猫的生存现状与环境。

（1）孩子们，流浪猫的家在哪里？

（2）他们一直住在一起吗？为什么后来二王子会继续流浪？

（3）如果没有得到照顾，流浪猫会怎么样？

5.讨论照顾流浪猫的方式，完成记录单。

主要经验获得：

1.自主阅读画面，理解和想象故事内容，锻炼了阅读能力与想象力。

2.了解了流浪猫的生存现状，产生共情，关爱和理解流浪猫。

第16天：阳光创美《流浪猫乐园》

活动过程：

主要活动材料：幼儿自制纸箱屋、木板屋、插牌、秋天各色的叶子、树枝、白胶、胶带、果实、颜料、彩纸等。

活动指导要点：

插牌组：为提前制作好的插牌涂上颜色，画上幼儿园中的小猫与简介，并将制作好的插牌放置于流浪猫经常出没的地点。

小屋组：引导幼儿利用颜料为小屋上色，并用秋天的自然物进行装饰和铺垫，制作流浪猫的温馨小屋。

攀爬架组：引导幼儿利用胶带、轻黏土或白胶将树枝进行组装，设计和制作小猫的攀爬架。

主要经验获得：

1.分组合作，感受共同创作、表达的乐趣。

2.将幼儿园里的流浪猫带入幼儿园其他人的视野中，表达尊重生命与自然的情感。

第 17 天：童话剧表演《住在幼儿园里的猫》

活动过程：

1. 欣赏童话剧表演《住在幼儿园里的猫》。

2. 分享观看感受。

（1）与同伴交流自己最喜欢的场景和演员。

（2）将自己的观后感记录在故事本中。

3. 对照现实，讨论四只住在幼儿园里的猫，继续创编故事。

这四只小猫之前还会发生什么故事？请你和好朋友说一说、演一演。

主要经验获得：

1. 欣赏童话剧表演，在观看过程中感受表演带来的感染力。

2. 勇于在集体面前分享交流自己的感受。

3. 创编后续情节的发展，发挥了想象力与表现能力。

第 20 天：故事大书展览会

活动过程：

1. 自由欣赏与投票。

（1）自由参观不同小组的故事大书。

（2）每人一票，投票给自己最喜欢的故事大书。

2. "我最喜爱的故事大书"交流分享。

分组介绍、分享自己的故事大书及小组活动中发生的趣事。

3. 布置主题墙。

各小组将故事大书布置在走廊外的主题墙前，进行后续的展览与欣赏。

主要经验获得：

1. 欣赏同伴作品并展示了自己的作品，丰富经验，获得成就感。

2. 分享、交流、布置的过程中发展幼儿的同伴合作能力与表达能力。

《小鱼失踪案》主题评量表（示例）

幼儿姓名：康康　性别：男　年龄：54个月

项目	评量内容	教师			家长		
		很棒	不错	加油	很棒	不错	加油
五大领域发展（健康、语言、社会、科学、艺术）	能够自主搜集、分享、讨论猫、黄鼠狼和鸟的资料，进一步了解三种动物的特点。	√				√	
	能够细心观察幼儿园中的流浪猫并主动记录他们经常出现的地点。	√			√		
	愿意用多种方式完整表达自己的所见所闻。	√			√		
	进一步了解流浪猫的生存现状与环境，对流浪猫的觅食行为展开讨论与思考。	√				√	
	能够分小组设计切实可行的实验方案并进行操作，能够根据实验结果进行分析、判断与总结。		√				√
	了解小金鱼的生活习性与宜居环境，自主照顾小金鱼。	√			√		
	能理解自然界的生存法则，感受生命的可贵和奇妙。	√			√		
学习品质	能在不断探究、发现的过程中感知动手动脑的快乐。	√			√		
	懂得生命的可贵，懂得珍惜生命，能关心身边的事物。	√				√	
	知道流浪猫居无定所，对它们产生怜爱之情。	√			√		
行为礼仪习惯	经常保持愉快的情绪，愿意把自己的情绪告诉亲近的人，一起分享快乐或求得安慰。		√		√		
	每天按时睡觉和起床，并能坚持午睡。	√				√	

老师的话：
亲爱的康康，上了中班之后，你的进步很大，自理能力有了明显的提高，已经是个能干的大哥哥了。尤其是在这个主题中，老师看到了你特别的进步。你非常细心，每天都会提醒大家给教室里的小金鱼换水喂食。脚印组的实验开展之前，你很快就能辨别不同动物的脚印。在了解了流浪猫的处境后，你和小伙伴们一起制作了有趣的猫咪攀爬架，真是个有爱心的孩子！希望接下来的日子里你能带着这颗初心发现生活中更多细微的美妙之处！

家长的话：
你上中班之后进步很大，遇到人会主动打招呼问好，很有礼貌。对新事物有很强的好奇心，能坚持定期给小金鱼换水喂食。会主动分享在学校的事情。老师表扬后的喜悦，未选上小组长的失落，爸爸妈妈能够感觉到你的成长与进步。爸爸妈妈希望你遇事不要急躁、发脾气，我们一起努力解决困难。

观察记录表

观察时间	2020.10.22	观察地点	益智区
观察对象	张惠然	观察记录	叶安琪
观察目的预设	观察幼儿对猫、鸟、黄鼠狼三种动物特征的观察和理解能力。观察幼儿在益智区中的学习能力。		

观察情境描述		
	客观描述	照片描述
情况实录	观察背景：在《小鱼失踪案》的生成活动中，脚印组的孩子们在实验之前搜集了几位怀疑对象的资料，包括它们的脚印。为了让孩子们能够进一步了解、辨识这几种动物的特征，我们在益智区投放了《脚印对对碰》材料，张惠然今天选择了益智区进行游戏。 观察实录： 8：56—9：01 张惠然来到益智区,但显然,他对新投放的《脚印对对碰》游戏材料还比较陌生，他不知道该如何进行操作。正好这个时候瑶瑶正在进行操作，于是张惠然便站在一旁观察着瑶瑶的游戏过程。 "瑶瑶，是要把动物卡片和脚印卡片放在格子里吗?" "对的，前面放小动物的卡片，后面放它对应的脚印卡片或者尾巴卡片。" "好的，我也想试一试。" 游戏的操作在孩子的能力范围之内，因此张惠然迫不及待想要尝试。 9：01—9：05 瑶瑶游戏成功了，他在"我挑战成功了"的操作单上盖了自己的姓名章便愉快地离开了。张惠然兴致勃勃地拿起操作材料。 张惠然先找出三张动物的卡片，将这些卡片摆在左边一列。接着张惠然开始按照顺序来寻找对应脚印的卡片。 他拿起鸟爪印说："这个脚印细细长长的，有三根爪子，是小鸟的。" "这个脚印是小猫的。" "这个脚印上脚趾前面还有长指甲印，是黄鼠狼的!" 然然边说边完成了操作。他开心地询问到："老师，我完成啦! 你快看!"并在"我挑战成功了"的操作纸上印上了自己的名字。 观察结果： 在学习了同伴的操作过程后能够很快掌握游戏方法，完成了《脚印对对碰》的游戏。	 

		分析视角提示
情况分析	完成情况：前期通过观察和询问交流同伴的游戏过程，掌握了游戏方法，并自己独立完成了游戏。 操作步骤：先找动物卡片再放置与之匹配的脚印卡片，操作流程清晰，能看出孩子的逻辑性。 参与兴趣：对《脚印对对碰》的游戏很感兴趣，在区域游戏中成功实现了对小组活动的延伸。	参与兴趣、主动意识
		操作技能与操作时间
		操作步骤程序、操作变式创新
		克服困难、完成情况
		分享交流记录归档及其他
调整策略	内容调整：从孩子们的操作可以看出，单纯的脚印匹配对他们来说还是比较简单的，在之后的游戏中可以进一步增加动物其他特征的卡片，如尾巴、毛发等。 材料调整：目前的操作材料一次可以供两组幼儿共同操作，但孩子们对这个游戏兴趣很高，可以适当增加1—2组操作材料。	调整策略提示
		环境调整、内容调整、材料调整
		改变方式或途径建议
		学习品质方面提醒或其他

观察记录表

观察时间	2020年10月29日10：10—10：50	观察地点	美工区
观察对象	小米、小屿	观察记录	钱奕雯
观察目的预设	动手操作能力；同伴之间互助的情况		

观察情境描述		
	客观描述	照片描述
情况实录	观察背景：最近我们在研究小猫和小鱼，因此在美工区投放了一张小鱼折纸的步骤图，大家对折小鱼很感兴趣。小屿是动手能力比较强的幼儿，经常能做出许多漂亮的作品，小米平时也很爱动手动脑，这次她们准备来尝试折一折小鱼。 观察实录： 10：15：区域活动开始后，小屿率先来到了美工区，她拿起一张彩纸，对照着小鱼折纸步骤图开始折，过了一会儿，小米也来到了这里，她看见小屿正在折小鱼，便也想尝试，于是拿起一张纸开始折。 10：18：折了一会儿，小米发现自己好像折得不太对，于是望向旁边的小屿，"小屿，我怎么折得和你不一样？是我折错了吗？""我来看看。"说着小屿便把小米的折纸拿了过去，看了一下，对小米说："这里应该这样折，你折错了，你看我折给你看。"说着便折起来，小米在一旁也观察得很认真。 10：23：小屿教完小米以后，拿起自己的折纸继续折，不一会儿就折成了一条完整的小鱼，把它贴在纸上，并做上了漂亮的装饰。小米接过小鱼折纸，小心翼翼地也开始继续折，一边折一边看步骤图，生怕折错了。 观察结果：过了几分钟，小屿的小鱼便贴好了，并且小屿还为它画上了大大小小的泡泡，小米从一开始的折错，后来有了小屿的帮助，最终也成功折成了一条小鱼。	

情况分析	1.参与兴趣：这段时间我们一直在研究小鱼，投放了折纸步骤图以后，大家对小鱼折纸的兴趣还是很高的，区域游戏一开始，小米和小屿就主动来到了美工区，小屿是班内手工能力比较强的孩子，她已经能够很熟练地折小鱼，并且折完以后还会给小鱼做上装饰。 2.操作技能、同伴交往：在折纸的过程中，小米遇到了一些困难，尽管有折纸步骤图，她还是折错了，但她并没有扔在一边，而是请身边能力比较强的小屿帮忙检查到底有没有折错，在小屿的帮助下，小米也成功地折成了小鱼。小屿折完以后，还将小鱼贴在了纸上，为它创设了情景，丰富有趣。两个孩子在折纸的过程中，小米遇到困难会主动寻求帮助，小屿也很乐意帮助别人，同伴关系很不错。	分析视角提示
		参与兴趣、主动意识
		操作技能与操作时间
		操作步骤程序、操作变式创新
		克服困难、完成情况
		分享交流记录归档及其他
调整策略	1.材料调整：由于班内孩子的能力发展有差异，因此在折纸步骤图的设计上可以分为简单、中等、难等程度，引导幼儿依次尝试，这样既照顾能力比较弱的幼儿，对能力较强的幼儿也具有挑战性。 2.环境调整：可以制作一块展板或一个鱼缸之类的，在美工区布置场景，引导孩子们将折好的小鱼布置上去，并做上装饰，成为一个完整、立体的作品。	调整策略提示
		环境调整、内容调整、材料调整
		改变方式或途径建议
		学习品质方面提醒或其他

《小鱼去哪了》主题相关绘本资源

序号	绘本	主要概要	使用建议
1	迷路的小猫咪	讲述迷了路的小猫咪遇到的困难，最后在帮助下找到回家的路的故事。	语言区
2	小猫钓鱼	讲述了小猫和小鱼之间友好的关系。	集体阅读
3	活了100万次的猫	以猫的视角讲述它的奇妙经历以及对于生命的看法。	语言区
4	小泰的小猫	讲述小秦小朋友和他的小猫之间温情的故事。	语言区
5	住在树上的猫	讲述了二王子和其他流浪猫们居住在树上，最终被收养的故事。	集体教学
6	小金鱼逃走了	小金鱼从鱼缸里逃走了！逃到哪儿去了？哪里有它的影子？接下来，这个调皮的小家伙竟然还在镜子上玩起了"分身术"。	益智区
7	猫咪人生	在我们生活的场景里，总是少不了他们的身影，仔细感受，你会发现猫咪的人生也有别样幸福。	节选集体阅读

《小鱼去哪了》主题实物资源

序号	物品名称	图片	使用建议
1	折纸小鱼		美工区
2	折纸小猫		美工区
3	打翻的小金鱼		美工区
4	海绵实验		益智区
5	小猫找不同		益智区
6	脚印对对碰		益智区
7	《住在幼儿园里的猫》剧本		语言区
8	头饰		表演区
9	猫屋		美工区

《小鱼去哪了》主题其他资源

序号	资源名称	资源类别	使用建议
1	纪录片《爱猫之城》	视频资源	专室活动
2	音乐剧《猫》	视频资源	区域游戏
3	动画电影《穿靴子的猫》	视频资源	专室活动
4	动画电影《猫和老鼠》	视频资源	专室活动、区域游戏
5	儿歌《小花猫》	音乐资源	区域游戏
6	儿歌《小鱼游游游》	音乐资源	区域游戏

主题环境

通过展示幼儿的调查资料，孩子们梳理了前期经验并进行分享交流，对幼儿园的几种动物有了更加全面深入的认知。

《小鱼失踪案》主题墙记录了课程行进的路径并收集了孩子们的活动照片和艺术作品，有水粉作品《打翻的小金鱼》、树叶贴画《小鱼》等。各个小组的成员分布与行进路线也能从中直观地呈现出来。满满的主题墙代表着孩子们在这个主题中投入的付出与丰硕的收获。

主题的回顾与小结：

1. 主题的缘起与价值判断

前段时间，我们班迎来了几条五彩缤纷的小鱼，小鱼的到来让孩子们兴奋起来，大家争相围着小鱼欣赏它的"美貌"，我忽然发现，原来孩子们对小动物的热爱是与生俱来的，在和小鱼相处了短暂的几天后，一天早晨，大家惊讶地发现，小鱼不见了，只剩下一地的玻璃碴，有孩子问："老师，小鱼去哪了？""可能是飞走了吧。""小鱼哪会飞，一定是被猫吃掉了！""幼儿园里没见到猫呀，它躲起来了吗？"……孩子们激烈地讨论起来。

围绕"小鱼失踪"这个问题，通过不同的途径引导孩子去讨论、探索和发现，引导孩子们从"凶手"留给我们的细枝末节探寻另外世界的生活与感受，将是一段解决可能存在的问题的特别之旅。

2. 幼儿的发展与主要收获

探究能力：无论是设计实验方案，选择适宜的实验材料，还是在实验失败的结果中寻找可能的原因调整实验，都基于孩子们不断增长的探究能力来完成。扮演小侦探"破案"的过程中能从细枝末节的线索中抽丝剥茧、层层递进，逐渐找到真凶，与课程共生长的探究能力能够帮助孩子们更好地面对问题、解决问题。

合作能力：相较于小班《小蚂蚁来了》课程，中班后我们的小组活动更加密集，整个课程基本上都是以小组活动加集体团讨作为骨架来行进的。在小组中，孩子们自主讨论和记录，经验不断地共享、发展。在活动遇到困难时，他们也更加明显地体会到了与同伴共同承担责任、共同讨论探究、共同解决问题的成就感与归属感。

表达能力：在主题中孩子们用故事本和实验大纸来记录小组的实验方案、实验过程和结果。而进入中班后，孩子们的故事本需要独立完成。通过一次次的梳理与记录，孩子们不断发展着自己的表征能力与逻辑能力。将一件事用自己的方式记录下来，听起来很简单，做起来却不简单。一个主题的周期，在整理故事大书时，孩子们惊奇于自己记录水平的进步，而我们同样感到骄傲与欣慰。

情绪情感：孩子们通过绘本、纪录片、实地考察等方式直观地了解了流浪猫的生活环境和生存现状。在共情中孩子们不仅产生了对流浪猫的尊重与关怀，更树立了热爱自然、尊重生命的意识。

3. 回顾反思与主要感悟

（1）走近自然，尊重生命。课程中孩子们针对如何对待幼儿园里的流浪猫这一问题产生了分歧。有的孩子想把它们当成宠物饲养，有的孩子则认为只需要提供适当的帮助即可。而如何对待我们身边的流浪动物也一直是人类社会争论不休的一个问题。有人主张直接圈养，认为更方便照顾，也有人提倡尊重它们的原生环境并给予一定帮助。然而，在绝对的高维与权力之下，平等与尊重更为弥足珍贵。无论是圈养还是自然生长，它们想要的绝不仅仅是一个收容所。虽然它们不会说话，但它们依然会用行动选择自己想要的生活。在我们不断挖掘周边资源，走近自然的同时，尊重生命也是一个必学的课题。

（2）想象上升，实践落地。第二步支架提出要对集体活动进行深入的探究。无论是方案的设计还是艺术的创作，想象力都是不可或缺的源动力。而在当下课程游戏化的背景下，儿童在活动中的主体地位也被多次强调。给予幼儿更多自由想象、自由表达的空间才能更好地发现实现教育价值的契机。而在支持幼儿实践探索的过程中，也需要提供充分的时间、空间，做好经验准备与材料准备。让课程贴地行进，让课程为了幼儿更好地生活而行进。

4. 历经主题后的实践展望

孩子们与幼儿园里的小猫的故事仍在延续。爱的种子也会随之在心里悄悄长大。在这个极为特殊的历史阶段，我们遇到了艰难的考验，在面对疫情的时候，我们体会到了生命的珍贵与自然的力量。也正因如此，我们更应懂得与自然和谐相处、与生命和谐相处的重要意义。我们也希望，通过本次课程，孩子们能够不断走进生命、感悟成长。

《澄阳路口》主题课程方案（大班）

主要活动方式：预设

持续时间：4 周（2020 年 11 月 30 日—12 月 25 日）

方案实施：冯雅怡、高静甜

主题计划

主题名称：《澄阳路口》	预设实施时间：4 周
主题来源	在幼儿园的西南方向，有一个澄阳路、太阳路、中环北线高架三者汇集的交叉口，它是我园周边重要的交通枢纽。由于高铁新城的发展及改造，这条路时常会发生堵车的现象，孩子们每天来园都会谈论路口发生的大事、小事，这一路口成为孩子们生活中十分关心的重要话题之一，由此，关于"澄阳路口"的主题也就应运而生了。
主题前思考	幼儿已有经验与现状分析： 澄阳路口对于孩子们来说比较熟悉，是他们上下学或是外出游玩的必经之路。部分孩子有澄阳路口堵车的经历，知道在它的上空有一座高架，不过对于堵车的原因、马路上的交通标志、高架的结构和作用、幼儿园周边马路的名称等都没有系统的认识和了解。 主题开展脉络的总体思考： 该主题围绕"堵车的秘密""四通八达的中环高架""条条马路通学校"和"幼儿园里的路"四个线索开展，并利用 4 周的时间来实施，从堵车的交通现象出发，了解堵车的原因，并在此过程中认识澄阳路口，开展解决堵车问题的大讨论，让幼儿明白遵守交通规则的重要性，并通过骑行区的游戏养成遵守交通规则的意识；认识高架的多种形态，了解高架的强大功能和作用，让幼儿通过建构区的搭建来直观感受高架的四通八达；通过调查分享，发现从澄阳路口到幼儿园不同的上学路线，知道幼儿园周边路的名称和长度距离，了解最便利的道路；最后将经验延伸至幼儿园里，寻找并发现幼儿园里的路，了解不同的路的特点，并以平面图的方式呈现，感受自己给幼儿园的各条路取名的乐趣，将所获经验在骑行区改造里进行实践。

主题目标预设	1. 了解澄阳路口的交通设施与作用，感受它与人们生活的关系。 2. 认识并感受中环高架的功能和作用，感受其给人们出行带来便利。 3. 尝试用语言、绘画、建构和游戏等多种方式表达自己对交通、高架等的深入了解和改善优化的设想。 4. 调查统计从澄阳路口到幼儿园不同的上学路线，了解幼儿园周边主要道路的名称及其大致长度。 5. 寻找发现幼儿园里的路及路口，根据它们不同的特点进行命名、制作路牌等，方便幼儿园的生活。 6. 乐于不断发现问题并努力与同伴一起解决问题，探索策略的可行性方案。

<table>
<tr><td colspan="2" align="center">主要活动预设</td></tr>
<tr><td rowspan="3">小组或个别活动</td><td>建构区：
1.《澄阳路口》：以澄阳路口的认识为基础，进行清水积木的多种搭建，引导幼儿尝试利用不同的材料初步合作模仿搭建澄阳路口；将搭建成果与实景进行比较，团讨提出修改调整建议，合作搭建。
2.《高架桥》：提供组合积木、厚木板等材料，引导幼儿合作设计高架桥的图纸，并使用转向连接、架空、直角转向、半圆转向等搭建技巧来建构高架桥。</td></tr>
<tr><td>益智区：
1.《汽车分分类》：提供两类大小、形状的红色和蓝色汽车卡片、《操作单·汽车分分类》、记号笔，引导幼儿按照车子的一定特征进行多次分类，并记录分类依据和数量。
2.《来来往往的车》：进行来往车辆的统计，借助路口来往车辆情景模拟游戏进行加减计算，了解加和减的实际含义。
3.《测量上学路线》：提供简易地图（以幼儿园、小学、家、蠡太路为核心），利用各种测量工具（回形针、纽扣、吸管等）测量出从不同的家到幼儿园的距离，并尝试记录与比较路程的长短远近。</td></tr>
<tr><td>语言区：
1.《澄阳路的故事》：提供照片、纸、记号笔、蜡笔，引导幼儿清楚、连贯、生动地讲述自己了解到的有关澄阳路的故事，并能大胆想象，创意记录并讲述给同伴听。
2. 书屋舞台《马路上不可以》：阅读交通安全相关的绘本，懂得遵守交通规则，保护自己的生命安全。
3. 提供绘本、有声读物、点读绘本、音频等，引导幼儿根据自己的意愿自主选择视听结合、单纯阅读等不同方式欣赏作品。</td></tr>
</table>

小组或个别活动	科学区： 1.《车子的秘密》：提供不同种类的汽车模型、记录纸、记号笔，引导幼儿观察、发现不同汽车的基本特征和内部构造，并将其正确记录。 2.《高高的路》：提供高架模型图片、不同粗细的圆柱体、平板若干，探索如何支撑高架，了解支撑物、支撑点之间的关系。 3.《小螺丝，大秘密》：层次一：提供各种螺丝、螺丝刀、毛线、双面胶、细绳、木质积木，猜想利用哪种材料能将两块积木连接得最牢，并进行验证；层次二：引导幼儿了解螺丝，尝试拧紧螺丝进行固定或连接。
	美工区： 1.《交通设备和标志》：提供大小、材质不同的纸、纸板、水彩笔、剪刀、胶带、双面胶、冰棒棍等材料和工具，引导幼儿制作交通设备（治安岗亭、安全护栏、红绿灯、人行横道信号灯、交通锥、电子眼、电线杆、路灯）和交通标志（指路标志、地面指示标志、公路交通标志、指示标志、非机动车标志、禁令标志、交通指示标志、人行横道等）。 2.《设计高架桥》：提供水彩笔、白纸，引导幼儿画出具有架空、斜坡、连接、弯道等特点的高架。 3.《汽车折纸》：提供正方形彩纸、折纸步骤图、成品实物，引导幼儿根据步骤图折出各种汽车。 4.《幼儿园的路》：提供水彩笔、蜡笔、白纸、写生板，引导幼儿进行户外多个地点、多条小路的观察写生。
	生活区： 1.《马路上的数字》：提供各种带有数字的标志图片，引导幼儿了解认识马路上、安全标志中数字的含义，并能用恰当的语言与同伴进行表述。 2.《穿编汽车》：提供彩色不织布块、不织布制作的各种汽车（车身上有若干条横、竖开口）、步骤图、剪刀等，引导幼儿看懂步骤图，裁剪编条，并能找到编织规律进行由上而下、由下而上或从左至右、从右至左的穿编活动。
	角色区： 1.《我是小司机》：提供自制小汽车，引导幼儿扮演小司机，搭载客人，丰富相关情节，增加区域间的互动。 阳光骑行： 1.《遵守交通规则》：提供各种交通安全标志、设施，引导幼儿根据游戏实际情况正确、合理放置，游戏时按标志正确行驶，遵守各区域的交通规则，注意安全。 2.《我是小交警》：层次一：提供交警制服、帽子等，引导幼儿扮演交警，并掌握各手势的含义，用手势、引号灯、口哨来指挥交通；层次二：提供指挥台、遮阳伞等，引导幼儿站在上面，指挥交通。 3.《交通志愿者》：提供红色制服、袖套等，请幼儿戴上红袖套，在人行道边上使用礼貌用语来提醒其他幼儿注意安全。

集体活动	集体经验交流与分享： 1. 知道澄阳路口是一个重要的交通枢纽。 2. 发现生活中各种各样车的不同外形特征和用途。 3. 身边各种各样的交通工具及各种交通工具在生活中的广泛应用、给人们生活带来的便利。

<table>
<tr><td rowspan="5">集体活动</td><td>第一周（11.30—12.4）</td><td>第二周（12.7—12.11）</td></tr>
<tr><td>堵车的秘密：
团讨：堵车原因大揭秘
社会：各种各样的交通标志和设施
美术：特殊的澄阳路口
语言：交通规则我知道
团讨：解决堵车大讨论</td><td>四通八达的中环高架：
科学：中环高架
社会：高架上有什么
美术：高架大创想
语言：螃蟹立交桥
音乐游戏：开车去旅行</td></tr>
<tr><td>第三周（12.14—12.18）</td><td>第四周（12.21—12.25）</td></tr>
<tr><td>条条马路通学校：
数学：上学路线有几条
团讨：幼儿园周边的路
音乐游戏：交通安全欢乐行
语言：老轮胎
科学小实验：斜坡开汽车</td><td>幼儿园里的路：
游园活动：幼儿园里的路
美术：幼儿园的平面图
语言：设计路名
小组活动：设计路牌
社会实践：骑行区的实践改造</td></tr>
</table>

主题环境	1. 主题墙： （1）堵车的秘密：堵车图片、原因图片（不遵守交通规则、插队、闯红灯、上下班高峰车辆多、环境、红绿灯坏了等）、澄阳路口环境、各种各样的设备和标志图片、实地考察澄阳路口的照片、解决堵车措施（遵守交通规则、绿化带的改造、交警指挥）等。 （2）四通八达的中环高架：地面道路和高架路对比的异同、神奇的高架弯道、中环高架开往东西两个不同方向的路牌照片、幼儿高架的搭建作品。 （3）条条马路通学校：幼儿园周边的路、幼儿园周边路的指示牌、"我的上学路线图"调查表、测量上学路线操作单等。 （4）幼儿园里的路：幼儿园里路的掠影、路分布平面图、给"路"取名做路牌、骑行区改造的过程掠影。 2. 走廊：师幼共同布置走廊环境，创设适宜的走廊区域。 3. 美术作品展示：张贴幼儿作品展《澄阳路口》《高架大创想》《我的上学路线图》《设计指路标记》等。

日常生活	1. 参观澄阳路口：带领孩子们实地参观澄阳路口的整体概况、环境、交通设施设备等，认识中环高架，对澄阳路口和幼儿园之间的路线有初步的感知。 2. 绘本阅读：通过一些路口、交通相关的绘本的阅读，了解交通规则、交通安全等。 3. 散步讨论：观察幼儿园门口中环北线经过的车辆，讨论日常经过中环北线都去过哪些地方等。 4. 日常经验分享：结合自己对通过路口的经验、从家出发的上学路线等，向同伴分享自己的认识，介绍一些解决交通问题的方法。 5. 幼儿园内的观察：了解幼儿园、学校的路况与每条路的作用、设施特点等，对幼儿园内的交通感兴趣。
家园共育	1. 各类调查表：请家长支持孩子围绕"堵车""中环北线的通向""高架作用大"等内容进行调查，引导幼儿大胆根据记录内容进行讲述，在探索过程中提升幼儿方位感。 2. "交通绘本"收集：亲子共同收集关于交通安全、高架、立交桥等方面的绘本，带到幼儿园。 3. 亲子阅读：亲子共读绘本，建议家长引导幼儿掌握交通安全常识，培养幼儿的安全意识。 4. 绘制"上学路线平面图"：请家长协助孩子围绕"上学路线"，绘制上学路线平面图，并根据上学路线了解其大致路程距离。 5. 来园离园途中：请家长有意识地让孩子观察学校周边的马路环境，知道各条马路的名称和方位。
主题后反思	本主题从孩子们常见的堵车现象出发，开展堵车问题的大讨论、高架的认识等均增强了幼儿遵守交通规则的意识。由已知经验延伸至解决生活中的实际问题，发现幼儿园的路，了解不同的路的特点，并以平面图的方式呈现；调查发现各区路名的特色、认识路牌，体验了给路取名、设计制作路牌的乐趣。结合骑行区的游戏将所获经验进行有效的实践。在建构搭建中，孩子们重现澄阳路口的构造，实践自己对高架的设想。 随着园所内部和周边环境的改造、变化，孩子们的相关成果、探索也要与时俱进，比如各条路的路牌，随着幼儿园环境改造，道路可能会减少、增多或是有所变化，后期路牌就要随之调整。

班级主题审议活动记录

审议主题名称	《澄阳路口》（预设）			
年龄班	大班	审议班级	大4班	审议日期	2020年11月26日
参与审议人员	高静甜、冯雅怡、袁梅（保育老师）、吴茜（大班年级组长）			

	审议主要内容要点	有价值的观点提示
主题的适宜性审议	结论：适宜大班开展，原因如下： 1.澄阳路口是我园周边重要的交通枢纽。 2.澄阳路口是幼儿掌握交通知识的良好社会资源。 3.幼儿对于澄阳路口的现象、设施设备都没有系统的认识和了解。	高：认识交通标志和交通设施，了解交通标志分为警告标志、禁令标志和指示标志三大类。 冯：幼儿对于高架构架的了解，可以从建构活动中获取经验，对于交通规则意识，可以从阳光骑行区中获取经验。 吴：有意识地让幼儿观察学校周边的马路环境，知道各条马路的名称，同时提升幼儿的方位感。 高：本主题需要的调查表比较多，也需要提前和家长沟通，得到家长们的有效支持，便于课程的开展。 冯：引导幼儿通过各类交通安全、立交桥等方面的绘本阅读，增强交通安全意识。
预设脉络活动开展适宜性审议	游戏规划的适宜性： 1.区域游戏的设计与主题目标相吻合，各领域的游戏内容设计全面，对大班幼儿各方面能力将有所提升。 2.可将美工区制作好的"交通设施和标志"，投放进建构区作为辅助材料，引导幼儿在游戏中正确使用自制"交通设施和标志"，巩固对其名称和含义认识。 3.益智区"测量上学路线"区域材料中，测量工具少，可再提供吸管、回形针、纽扣等材料，引导幼儿尝试选择不同测量工具进行测量，注意同种测量材料的规格相同。 4.在阳光骑行的专室游戏中，可以开展我是小交警、交通志愿者等游戏，引导幼儿利用已有的交通经验，养成遵守交通规则、注意安全的习惯。 集体学习的适宜性： 1.集体学习内容的选择比较均衡，充分挖掘了园内、园外资源，最后将经验延伸至幼儿园里，为幼儿园进行了服务，有效拓展了幼儿的经验。 2.美术活动《设计路牌》，最后要让幼儿去其他班级分享他们设计的"路牌"名字和取名缘由。 3.美术活动《特殊的澄阳路口》，原计划中让幼儿尝试写生绘画澄阳路口，形式比较单一，可以再提供硬纸板、kt板等材料，引导幼儿合作来制作立体的澄阳路口，能激发幼儿的创作欲望，也会更有挑战性。	

预设脉络活动开展适宜性审议	日常活动的适宜性： 1. 添加一些调查表，鼓励家长带着孩子一起来探索并调查，如"澄阳路口我知道""中环北线通往哪""幼儿园周边的路"。 2. 在日常生活中，引导孩子学会看平面图，了解具体的方位和位置，为孩子绘制"我的上学路线"和"幼儿园里面的路"打下经验基础。 3. 在日常生活中，引导幼儿了解不同交通设施、交通标志的名称和作用。
可提供的支持性材料审议	1. "堵车的秘密"展板布置澄阳路口堵车现象的照片、解决堵车措施的照片、"堵车"大调查，有助于幼儿了解遵守交通规则的重要性。 2. "四通八达的中环高架"展板布置地面道路和高架路对比的异同照片、"中环北线的通向"调查表、幼儿搭建的高架作品的照片等多样化的呈现。 3. "幼儿园里的路"展板布置幼儿园里路的照片、路分布平面图、给"路"取名做路牌的照片、骑行区改造的改造设计图纸，为幼儿日常的活动给予较为直观的支持。 4. 语言区提供交通安全、立交桥等方面的绘本，有助于幼儿获取相关经验，并与同伴大胆分享、交流。
家园、社区资源及活动审议	1. 请家长有意识地让幼儿观察学校周边的马路环境，知道各条马路的名称和方位。 2. 请家长带领幼儿发现各个区道路的名称及特点，了解其路名的由来。 3. 请家长支持幼儿围绕"交通设备和标志"开展调查，引导孩子在放学路上对"交通设备和设施"进行有意识的观察，尝试用自己的方式进行记录，最后可让孩子带到幼儿园。

区域活动计划表

主题：《澄阳路口》

实施时间：共 4 周（2020 年 11 月 30 日—2020 年 12 月 25 日）

关键经验与核心目标		1. 使用转向连接、架空等技能在仔细观察中模仿搭建澄阳路口，设计搭建高架。 2. 学习、复习二次分类、10 以内的分合、首尾相连测量距离。 3. 巩固过马路、乘车、驾车等相关的交通安全知识，明白交通规则的重要性。 4. 通过语言表述、绘画设计、操作探索等形式表达对马路、高架、汽车的了解和设想。 5. 认识、巩固交通标志的图案或符号，理解其含义。			
重点区域	游戏名称	环境或材料	玩法	指导要点	行进规划
建构区	澄阳路口		1. 欣赏澄阳路口的多方位照片，进行模仿搭建，最后使用辅材装饰作品。 2. 根据对"路口"认知的经验合理地设计图纸，分工合作进行搭建并用辅材装饰。	注意澄阳路口道路、高架出入口的通向。	第 1 周—第 2 周
	高架桥		根据欣赏图，合作设计高架桥的图纸，并使用转向连接、架空、直角转向、半圆转向等搭建技巧，来建构高架桥。	引导幼儿观察高架桥四通八达的特点。	第 2 周—第 3 周
	我的上学路		观察从澄阳路口出发到学校的多种路线图，用平铺、垒高、转向连接等搭建技巧搭建上学路。	1. 注意各小区的建筑搭建。 2. 感知不同路程之间的距离长短。	第 3 周—第 4 周

益智区	汽车分分类		按照车子的一定特征进行多次分类，在分类过程中大胆讲述分类的依据并记录。	先按一种特征进行分类，在第一次分类结果的基础上观察不同，再根据不同点继续进行分类。	第1周—第2周
	来来往往的车		先对车辆进行来往的操作摆弄，然后算出相应车辆总数，最后在记录本上进行记录。	引导幼儿了解加和减的实际含义，在10以内的情景操作活动中能够边说边操作。	第2周—第4周
	测量上学路线		1. 用不同的测量工具，在简易地图上测出从不同的家到幼儿园的距离，并记录到记录单里。 2. 比较从家到幼儿园的哪条路线最长或最短。	测量时，引导幼儿将测量工具首尾连接，注意测量的精确性。	第3周—第4周
	回家的路		1. 根据路线图完成记录表，说说小动物回家的路线。 2. 自主设计小动物回家的路线并记录。	1. 幼儿理解↑、↓、←、→四个方向的箭头所代表的含义。 2. 引导幼儿在讨论中大胆表达自己的想法。	第4周
语言区	交通安全和规则		自主阅读交通安全和交通规则的绘本，将所学知识以绘画的形式记录下来。	引导幼儿完整地讲述所记录的交通安全和交通规则。	第1周—第4周
	澄阳路的故事		与同伴讲述有关澄阳路的故事，并通过大胆想象，用笔画下来，讲述给同伴听。	引导幼儿清楚、连贯、词汇丰富地讲述自己了解到的有关澄阳路的故事。	第2周—第4周

语言区	来，大家一起修马路		自主选择视听结合、单纯阅读的方式来欣赏作品。	引导幼儿将书中发生的有趣情节，绘画记录下来。	第3周—第4周
科学区	车子的秘密		观察、发现不同汽车的基本特征和内部构造，并将其记录在纸上。	引导幼儿从车辆外形、颜色，轮胎花纹、数量、大小和用途等方面进行观察。	第2周—第4周
	高高的路		观察高架图片，用不同粗细的圆柱体和平板，探索支撑高架。	引导幼儿了解支撑物、支撑点之间的关系。	第2周—第4周
	小螺丝，大秘密		1.猜想利用哪种材料能将两块积木连接得最牢，并进行验证操作。2.尝试拧螺丝，将物体连接固定。	引导幼儿了解螺丝的作用和使用技巧。	第3周
	神奇的弹力		1.玩一玩有弹性的物品，与同伴大胆分享自己的观察发现。2.玩一玩有弹性的物品，观察拉力器数值大小和橡皮拉伸长度的变化情况，并将测量结果记录在记录表上。	引导幼儿合作观察，一人拉动皮筋，一人用尺测量橡皮筋的伸长长度并记录。	第4周
美工区	交通设备和标志		制作立体的交通设备（治安岗亭、安全护栏、红绿灯、人行横道信号灯、交通锥、电子眼、电线杆、路灯等）和交通标志（指路标志、指示标志、禁令标志）。	绘画时注意标志的形状、大小和颜色，剪下标志后要粘到塑封膜上固定牢固。	第1周—第3周

美工区	设计高架桥		欣赏高架桥图片，尝试用立体粘贴、绘画的形式大胆表现对高架桥的认识。	体现架空、斜坡、连接、弯道等高架特点。	第2周—第4周
	汽车折纸		根据步骤图折出各种汽车。	引导幼儿先观察成品实物，再根据步骤图一步一步折，掌握多种折法。	第3周—第4周
	幼儿园的路		实地观察幼儿园的多条小路，进行观察写生。	引导幼儿观察小路的环境、外形特征（宽度、长度）、颜色、材质等。	第4周
生活区	马路上的数字		用恰当的语言，讲述安全标志中数字的含义。	引导幼儿仔细观察标志的颜色和数字，鼓励幼儿讲述其含义。	第1周—第4周
	穿编汽车		1. 观察流程图，发现编织规律。 2. 根据流程图剪编条。 3. 由上而下、由下而上或从左至右、从右至左地穿编汽车内部花纹。	1、引导幼儿裁剪编条要尽可能每条的宽度一样。 2. 进行有规律的编织活动。	第3周—第4周
角色区	我是小司机		扮演小司机，开上小汽车，创编搭载客人的情节。	能遵守交通规则，载客时使用礼貌用语。	第1周—第4周

经历主题

活动1：堵车原因大揭秘

一、活动目标

1. 了解基本的交通规则，能够根据交通规则对交通行为进行评价。

2. 在观察中多角度发现澄阳路口堵车现象的原因。

3. 感受堵车带来的影响，懂得遵守交通规则。

二、活动准备

"堵车的秘密"调查表、ppt。

三、活动过程：

（一）出示堵车图，回忆堵车现象，激发幼儿兴趣

1. 师：你们看到了什么？知道这个堵车发生在哪里吗？（澄阳路口）你们经历过堵车吗？什么时候最容易堵车？堵车时候心里感觉怎么样？

2. 小结：大家对这个地方都很熟悉，很多小朋友上下学都会路过澄阳路口，堵车时的心情很糟糕。

（二）分享自己的"堵车的秘密"调查表

1. 师：那到底为什么会堵车呢？前几天老师给每个小朋友都发了一张关于"堵车的秘密"调查表，谁来分享一下调查结果？

2. 幼儿讲述，教师根据幼儿讲述内容进行简笔画记录。

小结：堵车原因有以下几个：上下班高峰车辆多、雨天冰冻等天气原因减慢行车速度、信号灯坏了、部分车道信号灯控制时间短、发生交通事故、部分司机不明确指示牌指示造成无效等待、开车玩手机，等等。

（三）判断路上人们的行为

师：请你们用手势来判断以下做法对不对，应该怎么做呢？

1. 闯红灯、不按信号灯行驶。

2. 不遵守交通规则，乱变道，加塞，插队。

3. 电动车在机动车道上行驶。

（四）了解并遵守交通规则

1.师：通过今天的分享交流，你会和爸爸妈妈说哪些你学到的交通知识呢？

2.师幼共念交通规则儿歌。

活动2：实地观察澄阳路口（社会实践活动）

一、活动目标

1.观察澄阳路口，认识整体概况、交通设施和交通标志。

2.初步认识中环高架及其形态。

3.初步感知从澄阳路口到幼儿园的上学路线。

二、活动准备

安全教育、戴口罩、明确实地观察的目的、喝水如厕盥洗。

1.经验准备：明确实地观察的目的。

2.安全、保健准备：安全教育、如厕盥洗、背好水壶、戴好口罩。

三、观察要点提示

（一）环境、交通设施设备

高架出入口、绿化带、治安岗亭、减速带、红绿灯（信号灯）、人行横道信号灯、交通锥、安全护栏、电子眼、电线杆、路灯等。

（二）交通标志

指示标志、禁令标志（禁令限重40吨）、警告标志。

（三）地面指示标线

虚实线、斑马线（人行横道）、停止线、机动和非机动车道、直行左右转弯掉头、待转区线等。

（四）交通情况、交通行为等

活动3：交通规则我知道

一、活动目标

1. 感受不遵守交通规则所带来的危害，懂得自觉遵守交通规则的重要性。

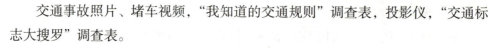

2. 尝试用连贯、清晰、完整的语言大胆地在集体面前分享交流自己的调查结果。

3. 具备正确的交通安全概念，牢记交通规则，初步培养交通安全意识。

二、活动准备

交通事故照片、堵车视频，"我知道的交通规则"调查表，投影仪，"交通标志大搜罗"调查表。

三、活动过程

（一）交通事故照片、堵车视频导入，发现最终原因——不遵守交通规则

1. 师：照片里的场景你还记得吗？发生了什么事？为什么会这样？再来看看这段视频，发生了什么事？是什么原因导致的？你还见过哪些不遵守交通规则的行为？会导致什么后果？

2. 小结：不遵守交通规则会带来不好的影响，甚至是可怕的事故，看来遵守交通规则真的很重要。

（二）集体介绍调查表，分享交流自己所知的交通规则

师：在我们的生活中，到底要遵守哪些交通规则呢？你们都把自己知道的、调查到的记录在了纸上，谁来跟大家介绍分享一下？注意尽可能用连贯、清晰、完整的话来介绍。

（三）结合先前的交通标志调查表，巩固所学、所认识的交通标志（指示标志、禁令标志、警告标志）

师：原来我们要遵守这么多的交通规则，其实，在我们的道路上，有很多标志都在提醒着我们，我们再来看看吧！

（四）分享交通规则儿歌、顺口溜

师：关于交通规则，人们把他们编成了儿歌或是顺口溜，能让我们感受儿歌有趣的同时牢记交通规则，相信你们也都找到了一些，我们一起来分享。

活动 4：解决堵车大讨论

一、活动目标

（一）根据日常出行观察到的现象和积累的经验，积极动脑思考，讨论出针对堵车具体原因的改进方法。

2. 了解绿化带变窄的改造能缓解堵车，了解绿化带的作用。

二、活动准备

堵车原因图片、投影仪、分组记录表、水彩笔、绿化带改造照片。

三、活动过程

（一）回顾堵车原因

1. 师：孩子们，前几天我们发现了澄阳路口经常堵车，也找到了一些造成堵车的原因，谁来说说有哪些原因？（幼儿边说教师边出示堵车原因图片）

2. 小结：天气原因（雨天）、发生了交通事故、上下高峰车辆多、信号灯损坏、信号灯控制时间短、不遵守交通规则（玩手机、插队、不懂右转不受灯控造成无效等待）等。

（二）分组认领原因，展开解决方法的讨论，并把好的方法记录下来

1. 师：堵车给我们的出行造成了很大的麻烦和影响，那有什么好办法能解决堵车呢？接下来请你们来每组认领 1 张原因图片，想想看针对这个原因可以有哪些好办法呢？并把好办法记录下来吧！

2. 分组讨论记录。

3. 小组代表分享自己组的好办法。

4. 小结：雨天注意车速、日常注意安全距离、尽量避开高峰出行（早点或晚点）、交通部门经常检查信号灯保证正常使用、及时控制好相关车道的通行时长、交警叔叔及时指挥、遵守交通规则（不玩手机、谦让不插队交替同行、认真正确学习交通标志），大家一起做交通秩序监督员，参与抓拍违规驾驶、违规停车、乱占道等行为，大家一起参与大讨论，用集体智慧解决交通堵车。

（三）了解三年前澄阳路口绿化带改造的原因，了解绿化带的作用

1. 观看改造前后绿化带的照片，对比发现变化。

2. 说说改造的原因和益处。

3. 讨论绿化带的作用（隔离双向车道、减少交通事故、缓解司机眼睛疲劳、净化环境、美化城市等）

活动 5：中环高架

一、活动目标

（一）了解高架的功能，知道高架与人们的生活息息相关。

（二）在观察比较中，发现地面道路和高架上的路之间的异同。

（三）对中环高架感兴趣，发现高架四通八达的特点。

二、活动准备

中环高架、多方位不同高架的图片、地面道路图。

三、活动过程

（一）图片导入

1. 你们看这是什么？你怎么看出来是高架的呢？

2. 高架给你什么感觉？

（二）高架的外形特征

1. 仔细看，高架是什么样子的呢？有什么造型特征？

2. 高架上有什么设施？

（三）高架和平面路的异同

1. 你们知道这两条路分别是哪里的路吗？你怎么看出来的？

2. 它们有什么相同之处和不同之处呢？

（四）高架的作用

1. 为什么会建设高架？如果没有高架会是什么样子呢？

2. 高架能给人们带来什么好处？

3. 教师小结：高架是现代城市道路交通的重要标志，它可以让汽车畅通无阻地通过一个个路口，不必在路口慢慢等红绿灯，免去交叉路口拥堵的烦恼。现在很多交通要道和高速公路上都建起了高架，高架越多说明城市现代文明程度越高。

活动 6：高架大创想

一、活动目标

1. 感受高架的形态，知道高架有着四通八达的特点。

2. 能凭记忆、想象，运用自己喜欢的工具材料画出高架壮观的造型、川流不息的汽车和其他景物。

二、活动准备

绘画材料、高架图片。

三、活动过程

（一）激发生活经验，感受现代化交通枢纽的气势磅礴

1. 提问：你见过高架吗？在哪里见过？当你乘车经过高架时有什么感觉？（激发想象，如像是在天上飞）

2. 高架给你什么感觉？哪些地方使你产生这种感觉？谁来说说你印象最深、造型最美的高架？

（二）多角度观察高架的造型

1. 高架的造型有什么不同？（感知平视、仰视、俯视）

2. 你喜欢哪一种角度的高架造型？给你什么感觉？（体验三个角度进行观察时产生的不同感受）

3. 高架上有什么设施？各有什么造型？（整体与局部；高架桥的路面、桥墩、灯柱、指示牌等造型，色彩、花纹特点）

（三）欣赏各种各样的高架绘画作品

1. 哪些是静态物像？哪些是动态物象？哪些是近物？哪些是远景？如何选择与表现画面才好？

2. 你最喜欢哪一幅，为什么？

（四）想象与创作

1. 你准备选择哪种视角取向的高架造型？怎样表现壮丽、美观的高架？

2. 怎样表现近物与远物？（近景大些，远景小些，近景清晰些，远景模糊些）

3. 你准备用什么材料工具表现？

4. 幼儿自主绘画，教师巡回指导。

（五）分享与评价

分享自己设计的高架：你的高架是什么样子的？高架上、高架边、高架下分别有什么？有几层？用了哪些颜色？

活动 7：上学路线有几条

一、活动目标

1. 知道自己的上学路线，了解不同的上学路线。

2. 用首尾相接的方法来测量上学路线，比较路程的长短。

3. 培养幼儿初步的方位感。

二、活动准备

"我绘制的上学路线"调查表、"路线地图"测量表、勾线笔、U型针、吸管、钮扣等材料。

三、活动过程

（一）分享"我绘制的上学路线"调查表

1. 谁来分享自己的上学路线？你从哪里出发？

2. 你会经过哪几条路？

3. 谁和他住一个小区？有没有不同的上学路线？

4. 教师统计、归纳幼儿相同、不同的上学路线。

（二）观看地图，寻找上学路线

1. 老师找了一张苏州市相城区的地图，你能找到自己的小区吗？我们来看看除了刚才小朋友说的上学路线外，还有什么上学路线呢？

2. 师：原来从同一个地方出发的上学路线有这么多条，我们可以有很多选择，那到底走哪条路线上学最近？哪条最远呢？

（三）测量比较"路线地图"

1. 你们瞧，老师这里有一份"路线地图"，请你们分别从澄阳路口、金科观天下、优步水岸、中泱天成、鑫苑鑫城出发，分小组来探索哪条上学路最近、哪条最远吧！

2. 介绍操作要求：以首尾相接的方法，用钮扣、U型针、吸管等材料测量路程，并用数量进行不同路程相应的记录，比较出最远和最近的路程。

（四）分享操作结果

分享自己小组的操作结果呢：你是怎么进行测量的？一共有几条路程？哪条最近？哪条最远？

活动8：幼儿园里的路

一、活动目标

1. 了解幼儿园里的多条道路，感知其外貌特征和周边设施环境。

2. 能在实地找路的过程中，与同伴大胆讲述各条道路的异同之处。

3. 体验与同伴共同找路的乐趣。

二、活动准备

"我知道的和我新发现的路"调查表、水彩笔、勾线笔。

三、活动过程

（一）谈话导入，引出话题

1. 小朋友们，我们上周研究了幼儿园周边的路，那幼儿园里有没有路呢？

2. 你们知道幼儿园里有哪些路吗？什么样的才算路呢？

（二）"我知道的和我新发现的路"调查表

1. 了解路的含义。

2. 刚刚我们说到的路，它们长什么样子呢？分别在什么地方？

3. 现在请你们在纸上左侧画出你们知道的幼儿园的路吧，看看谁知道的路最多。

4. 幼儿自主完成调查表左侧，教师巡回引导。

5. 分享自己的调查表：谁发现的路最多？有谁发现不同的路？它在幼儿园的哪里？

（三）幼儿园中寻找路

1. 幼儿园里到底有没有你们知道的这些路呢？还有哪些路是我们没发现的呢？现在我们一起去户外找找幼儿园里的路吧！

2. 师幼共同游园寻路，观察其主要位置和路的主要外形特征、材质等。

3. 今天我们一共找到了哪些路？加上之前我们知道的，数数看一共有几条？你印象最深的是哪条路？为什么？

4. 探寻幼儿园中最短和最长的路分别是哪一条。

活动9：幼儿园的平面图

一、活动目标

1. 在观察幼儿园的路、了解其位置的基础上，尝试运用各种形式，设计出幼儿园的平面图。

2. 对道路感兴趣，能够看懂幼儿园的平面图，提升方位感。

二、活动准备

各种各样的道路俯视平面图、笔、纸、幼儿园的俯视全景图。

三、活动过程

（一）谈话导入

你喜欢幼儿园里的路吗？走在幼儿园里的路上，心情是什么样子的？路的材质分别有哪些？上面的图案排列都有什么特点？

（二）认识各种各样的道路平面图

1. 老师带来了各种各样的平面图，请你们来欣赏一下，你分别能从这些平面图中获取什么信息？它是什么视角看的？

2. 我们的幼儿园里也有平面图，看看，你能找到我们班级的位置吗？幼儿园室内的"路"叫作走廊或走道。

（三）绘制"幼儿园的俯视平面图"

1. 今天我们来当绘画师，画出幼儿园的俯视平面图，看，老师这里有一张幼儿园的俯视全景图，你能够找出相应的道路吗？你还认出了哪些地方？

2. 幼儿自主绘画幼儿园的俯视平面图，教师巡回指导，引导提醒幼儿重点表现各条路。

（四）作品展示

分享自己绘画的平面图：你们觉得画得怎么样？有什么需要特别注意的地方？用了什么特别的标记？

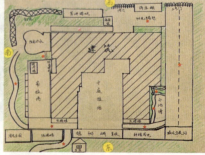

活动 10：设计路名、路牌

一、活动目标

1. 较清晰地分享交流前期调查到的相应城区的路名，说说其取名特点。

2. 回顾幼儿园里不同路的功能、特点、材质等，大胆表达自己取名的理由；在同伴的陈述和最终汇总中选择适宜的、较好的路名并投票。

3. 根据投票决出的路名分组绘画设计路牌，体验取路名、设计路牌的成就感、自豪感。

二、活动准备

1. 经验准备：游园观察了解过每一条小路，和爸爸妈妈共同认识了解相关城区路名及取名特点并完成调查表。

2. 物质准备："各区路名调查表"、幼儿园各条小路的照片、路名汇总统计表、投票所用贴纸等。

三、活动过程

（一）分享各区路名，发现各区路名取名的特点

1. 方向分布特点的：如园区南北纵向星 X 街、东西横向 XX 大道或苏 X 路；相城区南北纵向澄 X 路、东西横向 X 元路。

2. 历史、事物由来：姑苏区：桃花坞大街、山塘街、观前街、相门；相城区：黄埭、春申路、春秋路等。

（二）逐幅出示照片，回顾幼儿园里小路的功能、特点、材质

功能如通道、连接等；特点如直弯直、宽窄、长短、花草中、泥场边、种植园地边、池塘边等；材质如砖头、瓷砖、鹅卵石等。

（三）大胆表达自己给某条小路取的名字，说说理由

1. 教师做好路名汇总，每条路征集 3—4 个名字。

2. 引导幼儿明白名字系统一点更整齐统一，便于别人记忆，可采用南北纵向

为街、东西横向为路。

（四）分组投票、统计，确定最终路名

（五）分组绘画，设计路牌

提醒幼儿指路牌的轮廓外形、书写路名的文字、绘画体现路名的花纹图案、方向指示等内容。

（六）分享展示，各组选出最好的一幅设计图，根据建议稍作完善，用于后期制作

观察记录表

观察时间	2020年12月1日3：15—3：45	观察地点	阳光骑行
观察内容或对象	观察对象：瑶瑶	观察记录	高静甜
观察目的预设	了解不同交通设施的名称、作用后的游戏开展情况		

观察情境描述		
	客观描述	照片描述
情况实录	观察背景： 当前正开展《澄阳路口》主题，我们了解了不同交通设施的名称、作用，和孩子们讲解今天的游戏重点是交通设施的摆放和遵守交通规则。 观察实录： 3：15—3：19 瑶瑶从柜子中拿出交通锥，走到路中白色虚线处，开始一个一个间隔相同地摆放起来。摆好后，瑶瑶还提醒同伴说："大家骑行时候要小心一点噢，不要撞到交通锥，也不可以在交通锥中间骑行。"说完她又去柜子中拿了转弯、人行道、停车场等交通标志，她依次将其摆放到了转弯处、人行道旁、停车场处，放完后，她满意地点了点头。 3：20—3：23 瑶瑶邀请菲菲玩骑行游戏，她们选择了一辆三轮车，瑶瑶说："我来骑着三轮车带你，你坐后面吧。"菲菲点头表示同意，两人一起上了三轮车。瑶瑶双脚协调地用力蹬地，三轮车直直地向前行驶，并能保持在内道行驶。在转弯时候，她放慢速度，没有碰撞到交通锥，还能保持与其他行驶车辆的距离，当前车猛然刹车时，她也能及时使用手刹刹车并用双脚蹬地，将车及时停稳。 3：25—3：28 瑶瑶看到交通小警察举起了红灯，她快速地停下了车，后面的小司机们提醒她说："瑶瑶，不是在这里停车，你可以开到前面点，在停止线处停，就是前面的白线。"瑶瑶点点头，立马双脚蹬地向前滑行，停到了停止线处，看到绿灯后，立马缓慢转弯开始骑行，这回她又骑行在最前面，她看到了交通警察举起了红灯，她慢慢地将车停在了停止线处。 观察结果： 瑶瑶对于交通设施的名称和作用还是很清晰的，能够准确地摆放在相应的位置，在骑行过程中能够安全骑行，并在内道中骑行，并遵守交通规则。	   

		分析视角提示
情况分析	1. 参与兴趣、主动意识：瑶瑶始终参与游戏，摆放好交通标志后，邀请菲菲一同进行有序的骑行游戏。	参与兴趣、主动意识
	2. 交通设施的认知：瑶瑶能够认识各种交通标志，并将交通标志放在合适的地方，在摆放好后，还会提醒同伴交通锥的注意事项。	操作技能与操作时间
	3. 规则意识：瑶瑶能够在内道进行有序的三轮车骑行，能够遵守交通警察信号灯的交通规则，红灯停、绿灯行。对于停止线不太清晰，在同伴的提醒下，能够认识到在停止线处停车。	操作步骤程序、操作变式创新
		克服困难、完成情况
		分享交流记录归档及其他
调整策略		调整策略提示
	1. 改变方式或途径建议：鼓励幼儿创新不同的玩法以及尝试不同的游戏区域。	环境调整、内容调整、材料调整
		改变方式或途径建议
	2. 学习品质方面提醒：鼓励幼儿继续同伴之间的好经验的学习和分享，游戏中礼貌交往，注意骑行安全。	学习品质方面提醒或其他

观察记录表

观察时间	2020年12月9日15：15—15：45	观察地点	阳光建构
观察内容或对象	观察对象：政位、心心、彤彤、琪琪	观察记录	冯雅怡
观察目的预设	根据小组设计的图纸，使用架空、连接等技巧搭建具有弯道、斜坡、上下多层特点的小型高架		

观察情境描述		
	客观描述	照片描述

	客观描述	照片描述
情况实录	观察背景： 近两天对高架的外形结构特点进行了认识和了解，活动前小组分组绘画设计了高架搭建图。 观察实录： 15：18—15：23 彤彤搬了几根圆柱积木给政位，政位每隔一段距离放置，放置了三根，并以两根中横放一根长条长方体积木的方式搭建高架，政位对琪琪说："高架要转弯了！"琪琪听到后说："我去拿转弯的！"说着，拿来了两块圆弧积木。政位把圆弧积木的两端分别架在圆柱上，但是圆弧积木掉了下来，他环顾四周，说："圆柱没有了。"彤彤递给他一个正方体积木说："用这个吧！"政位一手扶着圆弧积木，一手把正方体积木摆在下面，说："还不够，再来一块。"彤彤又递给他一块，政位继续垒高，这次，圆弧积木稳稳架在了积木上。政位对她们说："架高的圆柱没有了，等会用其他的吧！"彤彤回答："我去拿点来。"说着，她们搬了一些短条长方体积木。政位继续连接长条长方体积木搭建高架桥，连接了一根后，他看了一下说："这个路面不平，太低了，要再放一块。"说着，他又在上面摆了一根长条长方体积木，变成了双层路面，他又把先前搭建的路面也再次铺设了一层。这时，政位拿起了地上的设计图对着同伴说："这个图没用了，不看了。"接着他在高架的起点处也连接了圆弧积木，并在圆弧积木的一端搭了下坡的斜坡。 15：34—15：37 心心说："高架应该有好几层的。"政位回答："那我们在这个上面再搭一层！"说着，几个人又搬了一些短条、长条的长方体积木，这次高架支柱是用两块短条长方体积木垒高搭建的，高架水平垂直在刚才的高架上方。 15：41—15：44 几个女孩子正在搭建另一端的下坡路面，此处也有一个圆弧转向，连接着下坡路面。这时，路面和高架的其他路段碰撞在一起了，心心手指比画着对彤彤和琪琪说："这里不行，我们换个方向吧！还是刚才那里继续往那边搭。"说着，三个女孩子拆除了下坡路面以及圆弧转向，改成了继续直行连接并下坡。 观察结果： 能使用架空、连接等技巧搭建具有弯道、斜坡、上下多层特点的小型高架，但没有按照设计图纸搭建，并且其中一条高架没有搭建完整。	  

情况分析	1. 建构技能、构造感知：今天的高架桥主要运用了连接、架空的技能，架空连接较长，有一定的难度；孩子们对高架的外形构造特点是比较清晰的，知道有弯道、地面和高架的斜坡连接，尤其是心心，能及时提出高架上下多层的特点。 2. 克服困难：在搭建的过程中，孩子们能及时发现问题，比如当需要转弯时，琪琪能一下子想到用圆弧积木；发现用作支撑的圆柱积木没有后，彤彤能想到利用其他积木来代替；政位发现了里面高低不平的问题并通过再铺设一层解决了；心心能发现高架搭建相碰撞的问题并通过改变方向解决了。 3. 同伴合作、完成情况：今天的几个孩子合作较好，能互相听取建议、互相帮助、一起搭建。由于没有按照图纸搭建，所以孩子们是边思考边搭建的，速度进程延缓，导致两条高架中的其中一条没有搭建完整。	**分析视角提示** 参与兴趣、主动意识 操作技能与操作时间 操作步骤程序、操作变式创新 克服困难、完成情况 分享交流记录归档及其他
调整策略	1. 提升设计图的有效性：今天的搭建，孩子们并没有按照图纸进行，原因有两点：一是按图纸搭建的习惯没有养成，比较习惯现场思考搭建；二是设计图并不理想，不够清晰，因此在设计图纸时，要检查是否有效，小组成员是否能清晰明了，是否得到认可，如果第一次设计得不够理想，可以根据成员建议再次设计。 2. 明确分工：引导幼儿明确分工，加快搭建速度，尽可能在有限的时间内搭建完成。 3. 搭建规模的提升：尝试两个小组搭建甚至是三个小组合作搭建规模更大、更复杂的高架。	**调整策略提示** 环境调整、内容调整、材料调整 改变方式或途径建议 学习品质方面提醒或其他

观察记录表

观察时间	2020年12月17日10：10—10：37	观察地点	建构区
观察内容或对象	观察对象：小杜	观察记录	高静甜
观察目的预设	能够与同伴共同商量，搭建出四通八达的高架桥。		

观察情境描述		
	客观描述	照片描述
情况实录	观察背景： 我们正在研究"四通八达的高架桥"，孩子们多方位、多角度欣赏、观察了高架桥的外形。 观察实录： 10：12—10：16 小杜指了指高架桥的展示图对子骏和苏苏说："我们来搭建第2幅高架桥吧。"子骏和苏苏互相看了看，子骏说："好像有点难度，要不我们搭建第6幅吧。"苏苏说："第5幅也可以呀，没有第2幅那么难。"小杜摇头说："不行，就搭第2幅，我觉得好。"最后，还是跟着小杜的想法来搭建了第2幅高架桥。苏苏说："那我们先画图纸吧。"小杜说："不需要图纸，我们直接看着第2幅图搭建。"苏苏和子骏点点头同意了小杜的想法，小杜看了看图2的高架桥说："高架桥有平平的，还有弯道，你们去帮我拿圆柱体和长方形的积木，让我来搭。"苏苏和子骏就帮小杜拿积木，小杜来负责搭建，小杜拿圆柱体当底部支撑，而且圆柱体间的距离也是相等的，上面架着长方形积木，当转弯时，他选择了弧形积木连接积木。 10：20—10：23 子骏拿了一块正方形积木继续连接高架桥的桥面，小杜看到后，直接将他刚架空的正方形积木拿掉，换成了长方形积木，还说："让我来搭建，你负责帮我拿积木就可以了。"这时黎老师提醒道："你们的高架桥只有一个方向，你们有什么好办法，可以搭出通往不同方向的路？"小杜没有给老师回应，沉浸在自己的搭建中，子骏和苏苏看了看老师，又看了看小杜，见小杜没有反应，便继续帮助小杜运输积木了。 10：33—10：37 小杜仍然在用圆柱体做支撑，长方形做桥面，高架桥已经搭出了建构区，小杜做了个坡度后，高兴地说："老师，我搭好了，你看看。"我说："搭建方向怎么只有一条路，没有其他方向了。"小杜沿着路看了看，对子骏和苏苏说："你们也去搭建呀，不然完不成了，我们不是合作搭建的吗？"子骏和苏苏看看积木，又看看搭好的高架桥，还是没有开始搭建。 观察结果： 小杜能根据其高架桥的外形特征，进行初步模仿搭建，但在活动中并未和同伴商量，搭建形式比较单一。	   

情况分析	1. 参与兴趣、主动意识：小杜的参与度比较高，始终参与在游戏中，主动意识较强。 2. 建构技能：今天的建筑运用了架空、平铺、连接等建构技能，三个孩子中小杜的建构水平发展较好，也比较有自己的想法，不过在搭建作品呈现上，高架桥的通向十分单一，只有一条路，没有体现高架桥四通八达的特点。 3. 同伴交往：整个搭建过程中，小杜都在请两个同伴根据自己的想法帮忙运输积木，并没有进行合作搭建，运输过程中还坚持自己搭建，不让同伴参与。	分析视角提示
		参与兴趣、主动意识
		操作技能与操作时间
		操作步骤程序、操作变式创新
		克服困难、完成情况
		分享交流、记录归档及其他
调整策略	1.搭建步骤的明确：搭建前引导孩子商讨好如何搭建、搭建什么样的，并且要鼓励幼儿分工合作，每个人都要参与进来。 2.同伴想法的采纳：能力强的幼儿也要懂得考虑他人的想法，试着采纳、接受他人的搭建，不可随意拿掉同伴的积木。	调整策略提示
		环境调整、内容调整、材料调整
		改变方式或途径建议
		学习品质方面提醒或其他

《澄阳路口》主题评量表（示例）

幼儿姓名：吴沐阳　　性别：男　　月龄：67个月

项目	评量内容	教师与同伴			家长与幼儿		
		很棒	不错	加油	很棒	不错	加油
五大领域发展	认识、了解澄阳路口不同交通设施的名称和作用，初步感受与人们生活的关系。	★			★		
	认识各个区道路的名称，发现其特点并了解取名的由来。	★			★		
	能够运用不同的材料，建构出各种四通八达的高架桥，并注意高架桥和地面的坡道连接。	★			★		
	了解指路牌的文字、英文、拼音、方向指示等构成信息，感受设计幼儿园里指路牌的乐趣。	★			★		
	在操作实验中探索坡面高度、坡面光滑程度分别与汽车下滑速度、滑行距离间的关系。	★			★		
学习品质	能够积极动脑思考，讨论出堵车具体原因，并迁移经验讨论解决交通堵塞问题的方法。	★			★		
	感受不遵守交通规则所带来的危害，懂得自觉遵守交通规则的重要性，具备初步的交通安全意识。	★			★		
	尝试用连贯、清晰、完整的语言大胆地在集体面前分享交流自己的调查表。	★			★		
	在集体中，能注意倾听老师或其他人讲话。	★			★		
行为礼仪	能有礼貌地与人交往，与同伴发生冲突时，能够自己协商解决问题。	★			★		
习惯	游戏中，能遵守游戏规则，爱护身边的环境。	★			★		

老师对你说：亲爱的阳阳宝贝，本月，我们走出幼儿园去探索研究澄阳路口啦！是不是很有趣呢？澄阳路口经常发生堵车，探索后你和小伙伴才发现，地面十字路口边还有中环高架的4个出入口，原来交通是如此复杂；你认识了各种各样的交通设施、设备、标志，了解了四通八达、形态各异的中环高架，发现了从澄阳路口到幼儿园原来还有这么多路线，值得夸赞的是，你还能将前期学到的经验，运用到幼儿园里来啦！你给幼儿园的一条小路进行了命名、设计了路牌，这条小路就有了自己的名字喽，是不是很有意思？

朋友对你说：
阳阳，你知道的交通知识真多真厉害！马上就要到新的一年啦！希望你过得开开心心！（尤梓鑫）

家人对你说：
阳阳宝贝，你在幼儿园跟着老师学到了不少的本领和知识，希望你在新的一年继续进步！最后祝你新的一年快快乐乐，健健康康！

《澄阳路口》主题相关绘本资源

序号	绘本	主要概要	使用建议
1		安娜和她的弟弟托比都知道如何过马路，只有菲菲不知道。所以姐弟俩决定教它一些重要的交通规则，并且做好榜样：红灯停，绿灯行。书中主要涉及：在马路上的行为规则、在十字路口的行为规则、骑车安全、夜晚出行安全、交通知识小测试。	集体师幼共读
2		这次的货物要送到毕加索博物馆，小红和小粉出发啦！高速公路上车来车往，盘山路上山体滑坡，面对一次又一次的突发状况，胆小的小粉哭了起来，幸好有小红的陪伴和鼓励。可是，当他们来到在风中左右摇摆的吊桥前，小红也害怕了，小粉会怎么做呢？	集体师幼共读
3		比奇兔和他的同学们一起去上学的路上，有的同学有着边走边玩、边走边看书的坏习惯，通过改正坏习惯、识别交通信号灯、走斑马线等，引导孩子了解安全，培养防范意识。	自主阅读
4		城市是学习过马路的最佳选择，就这样，小老虎带着小熊来到城市里学习与众不同的充满个性的过马路的方法、学习交通规则。	自主阅读
5		通过形象的故事了解安全的重要性，如果不遵守交通规则，很容易出现危险受伤的，就像多奇腿部流血，如果情况严重还会对生命构成威胁。	集体师幼共读
6		树林里有一条小路，铺满了金黄色的树叶。小刺猬爬过小路，发出窸窣声；小白兔跑过小路，发出踢踏声；蚱蜢在一片树叶上摇呀摇，发出吱呀声；风儿也踮着脚尖，轻轻地跑过小路，沙沙沙，沙沙……这是一条会响的小路。	亲子阅读

《澄阳路口》主题实物资源

序号	物品名称	图片	使用建议
1	"交通设施有哪些"调查表		教学活动、科学区
2	"中环北线的通向"调查表		教学活动、日常生活
3	"高架作用大"调查表		教学活动
4	"我的上学路线"平面图		教学活动、科学区
5	"斜坡开汽车"操作材料		教学活动、科学区
6	"我知道的和我发现的路"记录单		教学活动、语言区

《澄阳路口》主题其他资源

序号	资源类别	资源名称	使用建议
1	图片资源	语言：老轮胎（图片、PPT）	集体教学
2	图片资源	社会：幼儿园里的路（路图片）	集体教学
3	视频资源	澄阳路口堵车	集体教学

《澄阳路口》主题文学作品资源

故事：老轮胎

那个时候，我还很年轻，跟着我的车走啊走啊……路一直伸到了天边，云就飘荡在我们头顶。

我们到过海边。海鸥成群地掠过，海浪哗哗地拍打着堤岸，溅了我一身的水花。

我们也到过悬崖，那是怎样的夜晚啊，漫长的山路，只有月光陪我们走过。

后来，我们还去过很多地方。世界真的很大，比我们想象的要大得多。我和我的车都不想停下，可是……

这一天还是来了，我的车走不动了，一只狗爬了进去，就再也没有离开，那也许是车子最好的归宿。可我还想走，还想去看看这世界。

风从我耳边吹过。穿过稻田时，我第一次看到了自己的影子，独自行走，也有很多快乐。

有时，我会把动物们吓到，他们大叫着逃开。也有些好奇的鸟儿，会跟着我飞一阵子，想看看我到底要去哪里。

直到有一天，我撞上了一块大石头，躺了下来，就这样，我的旅程结束了。

旷野上的草都比我高，它们遮挡了我的视线，我只看到天边的夕阳正一寸一寸地掉下去。

乌云遮住了晚霞，天暗了下去，我迷迷糊糊地睡着了。

朦朦胧胧中，老鼠来了。两个小家伙在我身边转来转去，还嗅嗅我，想知道我到底是谁。

没过多久，他们喊来了同伴，在我身上开起了晚会。从没想过，我还能给别人带来这样的快乐。

当心，雨来了！

大雨倾泻而下，小家伙们一下子全没了影儿，只有无遮无挡的雨，把我淋了个透，我什么都看不见了，只觉得天地连成了一片水的世界。

天亮了，我觉得自己怀里多了些什么。哦，是一汪水，还有映在水里的一片天。

青蛙们一个一个跳进我的怀里，他们怎么玩都玩不够，弄得我身上痒痒的。

可是，慢慢地……

慢慢地……

秋风吹过，吹来了大雁的鸣叫声。他们常落到我身上歇脚，然后继续赶路，向着我再也去不了的南方。当然，那些熟悉的小伙伴还是常来玩，他们闹起来真让我有点吃不消。

看吧，我成了舞台。这样的快乐常常让我忘了那越来越冷的风和身边正在枯萎的草原。

黄昏时，我们就这样依偎着，一起看夕阳西下，一起静静享受落日的余晖……

冬天到了，一开始是飘飘洒洒的小雪。

后来是大雪，并且越来越大，铺天盖地！一切都白了，我也白了。日子像被拉长了许多，小家伙们都不知道干什么去了……这时候，我总会想到他们，想到过去在一起时那美妙的时光。

不知过了多久，有什么声音把我从昏睡中唤醒。哦，我的怀里，芽儿们正使劲抽出身来。那么绿，那么新——是春天来了！

我从来都没有想过，有一天我会怀抱这么多的花！它们挤挤挨挨，照亮了我的眼睛。我已经淡忘了那个我曾经向往的世界，只知道——现在，在这里，我很幸福！

（摘自江苏凤凰少年儿童出版社 2015 年 3 月版《老轮胎》 文：贾为）

主题环境

环境说明：主题墙

"堵车的秘密"：各时段环境下堵车照片，堵车原因、解决措施，交通设施、设备、标志、规则的调查表，实地观察澄阳路口。

"四通八达的中环高架"：高架图片、高架设计图、高架搭建作品、中环北线通向调查表、高架作用调查表。

环境说明：主题墙

"条条马路通学校"：我的上学路线平面图、对路牌的认识、测量路线、骑行区的改造设想。

"幼儿园里的路"：各区路名调查表、已知和发现的路记录表、寻找幼儿园的路、取路名、设计路牌。

环境说明：建构区

澄阳路口实景图、各种各样的高架图。

与课程共成长：

教师感悟：

1. 预设丰富方能调整灵活

本课程围绕"堵车的秘密""四通八达的中环高架""条条马路通学校"和"幼儿园里的路"这四条线索开展，预设时，我们注重了集体、区域、日常、亲子活动和环境等各方面尽可能丰富多样的提前规划；开展过程中，在预案基础上，根据幼儿情况灵活实施，随时关注并即时生成，从而灵活调整活动的开展路径，整个过程较为顺利，开展成效显著。

2. 源于生活更能贴近实际

本主题来源于幼儿的实际生活经验，在实际生活中探索、认识、收获经验，最终有意识引导幼儿从园外探索回到园内实践，将经验延伸至给幼儿园里的路取名字、制作路牌，并对骑行区进行符合生活实际交通的规划设计与改造。这与新课程标准强调的"从学生已有的生活经验出发，在内容上强调联系生活、社会、学生实际，在方法上强调探索、实践、活动"不谋而合。

3. 实践价值源于尊重幼儿

通过此课程的实施，让我们更加深入意识到课程的实施必须尊重幼儿，我们将继续挖掘、开展生活化的课程，选取生活事例，因为它更能激发幼儿的兴趣，唤起幼儿的经验，促进幼儿对感受与体验的表达。同时注重在生活中的实践，用社会实践来丰富和深化经验，就如"实地参观澄阳路口"的实践活动，幼儿认识了交通环境、事物，理解了交通规则及遵守规则的重要性。学习是为生活服务的，只有在生活中得以成长、提升，课程学习才有价值和意义。

幼儿发展：

通过本次主题的开展，孩子们对堵车的交通现象有了更深入的了解，对交通设施设备的认知和作用、交通标志的含义、交通规则及其重要性等有了系统的认识，感受到了交通与人们生活的关系及其带给人们的便利；交通安全知识得到了丰富，遵守交通规则的安全意识有了一定的提升。在对地图的探索中发现了两点之间路线的丰富性，掌握了通过测量来判断两点之间距离的本领。初步尝试将所获经验用于实践，用于改善幼儿园的环境——寻路、取路名、做路牌、规划设计骑行区改造。

但也存在有待改进的地方：对于常见的、简单的小部分交通标志，大部分孩子能理解其含义，但对于大部分交通标志，孩子们虽然认识，但还是没有记住其含义；对于幼儿园周边道路的长短，由于是设置在区域中探索的，所以并非全体探索掌握；孩子们的高架设计以及对设计的高架进行实际搭建时均较简单，有交叉，有上下层，但是层数仅限于两层，且弯道设计较少。

后期调整与延伸：

第一，在日常的建构区、建构专室中继续引导幼儿认识交通标志，制作交通标志辅材；家园共育，家长带幼儿外出时有意识地引导幼儿认识交通标志。第二，关注引导所有幼儿都探索操作相关材料，注意正确的首尾相接的测量方式，引导幼儿比较路的长短。第三，提升孩子们高架设计以及搭建的水平，注意层数、弯道数量、复杂性、结构的引导。

第五章 课程教育记事

经历课程的多元记录

在园本课程的实践过程中，我们尝试做了不少的改变：一是改变课程的内容，把更多的视角与抉择判断都回归到幼儿的生活与需求上来，更多依赖周边的课程资源做课程内容的随机选择。二是尝试改变课程实施的路径，以"慢慢来、悄悄长"为主要取向，尊重幼儿的当前水平，教师把自己的身份与位置放低，从习惯于研究文本、方案、教材转向到研究儿童上来；多与幼儿展开自由的交流，观察儿童的行为表现，以孩子更为适宜的发展视角进行有目的的引导，从而决定课程探索的走向与方向。三是改变课程的评价方法，我们尝试以具体儿童经历的课程来灵活设置课程评价的方案，把课程评价融于儿童的日常课程实施进程中去落实。在研究课程评价的过程中，我们尝试了一种园本的以师幼自主记录来反思课程、经历成长的评价方式，我们称它为"课程记事"。

一、课程记事

对幼儿园教师来说，课程评价是课程实施过程中的难点。关于课程评价，中西方有不少实践案例与经验。如陈鹤琴先生在《活教育要怎样实施的》第九部分"考成"实施中如此表述："在每一个活动完成之后，我们就要举行检讨会、把实验参考和发表三种纪录和作品，仔细批评考核。"[1] 西方有"家庭开端教育"的评价[2]、"档案袋评价"[3]、"作品取样系统"[4]、新西兰"学习故事"[5] 等。

---

[1]陈秀云、陈一飞：《陈鹤琴文集》，江苏教育出版社，2007年版，第420页。
[2]王坚红：《学前教育评价》，人民教育出版社，1994年版，第282页。
[3]周卫勇：《走向发展性课程评价》，北京大学出版社，2002年版，第64—65页。
[4]【美】山姆·麦索尔思等：《作品取样系统——教室里的真实表现评价》，廖凤瑞、陈姿兰译，南京师范大学出版社，2009年版。
[5]何婷婷：《新西兰"学习故事"及其在中国本土化的反思》，《教育与教学研究》，2018年1月。

那有没有一种更好的方式，既适用于我们目前的课程实践，又能让幼儿和教师共同合作，一起感受快乐的课程之旅，灵活、有趣、自由地进行自己的课程评价呢？带着对这个问题的思考，关于课程评价，我们想尝试探索一种师幼共建的评价新途径和新模式，意在随着课程的经历，从儿童、教师、管理者多方面进行动态的记录，通过记录促进儿童的自我成长和自主发展，促进教师儿童观、教育观的转变。我把这种师幼共同记录的方式称为"课程记事"。当师幼共同经历课程之后，会给不同的主体带来不同的感受。每个人的经历不同，感受自然会有差异。这些细微的感受与真实的变化过程可以通过不同主体的"课程记事"得到生动的呈现。

二、记录的必要性

陈鹤琴先生曾在他的《幼稚园的环境布置》中，主张所创设的环境能全方位展现孩子们的"成绩"，无论好坏，面向全体，有教育意义的图画、挂图、画片，领导儿童一同布置。由此可见"人人参与环境创设，个个成为记录者"的思想。我们经历的课程可以怎么记录？记录可以解决什么问题？能让记录成为课程的有机部分吗？带着对这些问题的思考，将"故事本"引入我们园本课程的实施过程中。教师、幼儿一起参与记录，从不同的主体、不同的视角记录不同的感受。以幼儿为主要参与者，设立"幼儿故事本"。鼓励幼儿在故事本上进行有目的、有计划的自由表征活动，可以记录自己的参与过程，也可以记录自己遇到的问题、感受、想法等。教师为辅，设立"教师故事本"，教师、保育员一起参与记录，对自己组织的活动、陪伴幼儿持续深入的过程进行记录，可以谈自己对儿童行为的解读，也可以记录自己的有效策略、存在的问题、后续的规划设计等。记录是自由的、随机的、随性的，师幼均可以借助图像、符号、作品等多种形式来表达自己的理解、想法、需求和感受。这是一种自由的课程记事，助推师幼共同收集资料、感受成长、反思策略。

幼儿的活动离不开教师的有效支持，在幼儿自主进行记录的过程中，我们需要探寻教师的支持策略，并将策略转化为经验，以此来帮助幼儿主动记录和有效记录，形成记录经验，从而提升幼儿参与记录的兴趣与水平，形成家园教育合力。以师幼故事本记录作为课程实施的载体之一，帮助教师、幼儿在故事本的动态建构中，对自己的发展进行动态评价，呈现课程轨迹，发现自己、感受成长。

三、记录的灵活性

1. 师幼故事随心记

伴随课程的生长与建设，我们所研制的"幼儿故事本"和"班级故事本"，记录非常灵活弹性，没有固定的格式，没有记录的数量要求，有感则记，无感不记，主要在于主动地收集、自主地记录、有意义地积累。幼儿侧重自主记录自己的成长体验，自己收集需要保存的作品等。教师侧重随时收集自己的课程实践感悟、课程行进、生活保育追随。师幼共同以事件记录的方式生动追踪自我成长的足迹，体现师幼因课程实践而不断发展的个体差异性，让记录成为推进每一位幼儿、教师健康发展的有效手段。

2. 管理故事随机记

追随园本课程建设，幼儿园的行政管理人员在陪伴教师不断解读幼儿的过程中，也深入地了解了教师的发展状态，倾听了教师发展需求的声音。根据教师发展中出现的问题，逐步优化课程管理策略，创新推进园本课程质量，一个个生动、有意思的管理故事也成为故事记录的有机部分。

在通过一个阶段的课程记事以后，我们以园本教研、"课程记事"分享会等形式来让老师们进行相互学习，共同研讨。下面，以课程记事实施 3 个月后的一场教师对话来揭开教师的心灵之旅。

（1）教师的课程记事

课程组组长 F：我们实行教师故事本课程记事已经有三个多月了，它于我们有哪些帮助呢？我们自由地来说说。

教师 L：课程记事对我整理观察记录提供了有效的帮助，有助于回忆活动状态、过程等，我在进行课程整理时显得不那么迷茫了。

教师 M：课程记事让我对本班本主题课程实施的时间线特别清晰，让我在反思回顾时更有依据，有一些关键信息如幼儿的对话、动作等能够让我更清晰地回忆。

教师 C：我在记事时，对一些课程实施的重要过程描述不到位，平时记录抓不住重点，表述啰唆、不简洁、不到位。现在的课程记事很随机，我就记自己感受特别深的内容、有特别问题的内容，如此，言之有物了，感觉记录变得简单有趣味了。

（2）课程记事的同伴审议

在课程记事实施一年以后，我们又进一步调整了课程记事的策略，尤其针对游戏活动中的观察记录随手记部分进行了调整。以下是一位大班教师带领孩子们进行骑行区游戏，这一次游戏老师自己觉得特别有意思，就随手记录了孩子们在游戏中参与了游戏材料与游戏策略的调整过程。但如何使自己的即时记录更准确、简洁、有效，她请同伴给她的记录进行同伴审议，老师们看了她的记录及解读，给她提出了不少建议：

教师 X：记录表述很具体，但记事背景中对本次事件新增角色和调整表述不清晰，缺少幼儿对话的相关记录。

教师 W：在教师自我反思调整策略叙述中，需要更有针对性，感觉调整策略与事件过程关联性不是特别强。

教师 G：这个记录很简单，但层次很清晰，基本能恢复现场孩子们活动的情况。孩子们从简单的骑行游戏不断增加情节，产生了很多新的交往，涵涵小朋友真的很棒，起到了推动情节发展的关键作用。我也要不断支持我们班的小朋友敢于创造。

在同伴的帮助下，老师们对"课程记事"有了更多的思考，也在实践中不断创新，不断优化。

（3）课程记事的观念变革

经过不断地尝试、实践、审议与优化，老师们对课程记事有了新的认识，在学期末的课程记事分享会中，老师们有感而发：

教师 Z：课程记事虽然很随机，但是需要有针对性，体现观察内容的核心，需要根据《指南》具体到我们的记录中去进行有侧重点的对照。

教师 Y：在我们的课程记事中，要注意记录中需要注重细节，不能漏掉一些重要的对话、眼神、动作等，这些都是评价中有价值的信息。

教师 J：有了课程记事的习惯，会不断提示自己，这个很重要，可以有时间整理记录下来；那个也很有意思，要及时记录。久而久之我感觉自己记录不再含糊，越来越清晰了。

教师 D：我看了其他老师的记录，感觉大家记得太好了，我发现我自己要多读书，提升自己的专业敏锐度，寻找更科学的理论支持让我记得更好。

教师 F：其实课程记事锻炼的是我们对关键信息的抓捕能力，对日常幼儿活动中的表现进行有深度的思考，因为有专业的判断才能进行有效信息的筛选，才能让我们有后续的行为、行动来支持儿童的发展。

经历课程，感受成长。在实践灵活的"课程记事"过程中，我们在尝试探索一种有趣、有意思又充满爱与温度的评价方式。它是经历课程实践后有感而发的感叹，有针对性反思修正的冲动，还有经历过程的备忘与思路的及时整理，它是课程评价有意思的补充。通过课程记录，灵活地记载师幼自己的课程经历与课程感悟。

因为独特，所以妙趣横生，令人回味无穷。

幼儿记事

小班篇

幼儿记事一：

记录者：司燚凡

年龄段：小 3 班

记录时间：2019 年 12 月 18 日

> **幼儿口述：**
>
> 　　这是我设计的小蚂蚁的家。这些长长的白色通道是小蚂蚁们挖出的洞穴，圆圆的洞是他们不同的房间。一间是给小蚂蚁们放食物的，一间是放它们找到的宝藏的，还有一间是放它们种植的蘑菇的。每天，小蚂蚁都会从他们的家中爬出去寻找好吃的，到了晚上再把他们的收获运回来。
>
> 　　　　　　　　　　　　　　　　　　　　　　指导教师：石文怡　叶安琪

幼儿记事二：

记录者：殷炜皓

年龄段：小 1 班

记录时间：2020 年 6 月 18 日

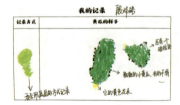

> **幼儿口述：**
>
> 　　雨不下了，我看到种植园的小黄瓜长大了！它们长得都不一样，我看到的两条黄瓜，一条是长长细细的，一条是短短胖胖的。它们身体不是滑滑的，有一粒一粒的东西，有点扎手，还有黄色的小花，它长在下面。　指导教师：季瑜玲　薛艳晴

幼儿记事三：

记录者：戴翊艺

年龄段：小 6 班

记录时间：2020 年 7 月 3 日

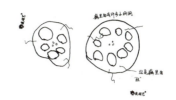

幼儿口述：

　　我看到的藕是圆圆的，里面有好多的洞洞，有的大有的小，中间的是小小的，边上的是大大的，藕里面的洞洞还可以藏东西呢，我还看到藕里面有好多白色的线线，它可以拉的很长很长。

指导教师　毛丹莉　黄晴瑜

幼儿记事四：

记录者：孔嬺璘

年龄段：小 4 班

记录时间：2020 年 7 月 8 日

幼儿口述：

　　这是我画的西瓜宝宝的家，他的家是三角形的，因为三角形的家是个很大的家，可以放很多西瓜。家里的门是红红的，屋顶还有圆圆的标志，西瓜出去玩的时候看到标志就不会走丢了。西瓜出去玩的时候会饿，我画了鸡蛋给他们吃，我也喜欢吃鸡蛋。

指导教师：朱欣欣　曹凌绮

幼儿记事五：

记录者：刘芷宁

年龄段：小 5 班

记录时间：2020 年 7 月 8 日

幼儿口述：

　　我在玩沙的时候用铲子把沙子放到了三角形的模具中，把它抹平，然后我把它反过来往地上一放，沙子就掉下来了，我发现沙子的形状和模具一样，也是三角形的。

指导教师：金灿灿　胡亚楠

中班篇

幼儿记事一：

记录者：何以悦

年龄段：中 5 班

记录时间：2019 年 9 月 23 日

幼儿口述：

　　我们阳台上要建造花园了，好期待啊！这是我的设计图，我把我们的阳台分出一半的空间做小花坛。我设计的是波浪形花坛，三角形、正方形和圆形代表我们在花坛里可以种花、蔬菜和小草坪的地方。小朋友们用好多大苹果给我投票，我好开心呀！

指导教师：费英　王菁

幼儿记事二：

记录者：吕晨晞

年龄段：中 12 班

记录时间：2019 年 10 月 9 日

幼儿口述：

　　幼儿园的橘子熟了，老师说下个星期我们可以摘橘子啦！我想用这些办法来摘橘子。因为树上很多的树枝会扎到我们的手，所以在摘橘子时我们可以戴上手套，这样树枝就不会碰到我们的手啦。除了手套还要准备剪刀、篮子、梯子、水桶，我觉得有了这些工具肯定可以摘到橘子。

指导教师：姚婷婷　张彦婷

幼儿记事三：

记录者：沈奕成

年龄段：中 11 班

记录时间：2019 年 10 月 18 日

幼儿口述：

　　这是我在公园里看到的菊花，它们长得都不一样。有的花瓣是卷卷的、长长的、细细的、弯弯的，就像妈妈的卷发一样，也像大狮子头上的毛。有的是椭圆形的，花瓣是短短的，像小太阳。有的是小小的，妈妈说那是菊花宝宝，我很喜欢秋天的菊花。

指导教师：吴根花　唐韵娇

幼儿记事四：

记录者：任语嫣

年龄段：中 3 班

记录时间：2019 年 11 月 14 日

幼儿口述：

　　早上到幼儿园的时候我看到自然角里的小鱼缸翻了，地上全是水，小鱼也不见了，老师说可能是被猫吃了，我觉得也是，因为猫最喜欢吃鱼了，而且我觉得它是晚上出来偷吃的，小鱼真可怜。老师说明天他会带一个大大的鱼缸过来，这样猫就吃不到小鱼了。

指导教师：殷晴　王华

幼儿记事五：

记录者：杨航

年龄段：中 11 班

记录时间：2019 年 11 月 25 日

幼儿口述：

　　我在家里观察了小鱼的骨头，家里的盘里有大鱼和小鱼，小鱼的头是尖尖的，像三角形；大鱼的头不像三角形，有点圆圆的。

　　鱼的身上有很多的鱼刺，有的鱼刺是长长的，有的是细细的、尖尖的。鱼的身体有一根连接头跟尾巴的骨头，鱼的很多骨头都在它的上面。

　　我画的鱼骨头在河里游泳呢！

指导教师：吴根花　唐韵娇

幼儿记事六：

记录者：

年龄段：中 1 班

记录时间：2020 年 2 月 25 日

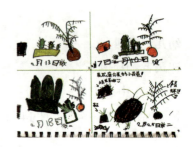

幼儿口述：

　　这些是我和妈妈在阳台上种的植物，我每天都会去看它们。

　　2 月 13 日，天气很好的一天，我和妈妈准备了泥土，种了土豆、芦荟、蒲公英，蒲公英是种子，种在箱子里看不见。

　　2 月 17 日，妈妈把它们移到了家里的北阳台上，我每天早上都去给它们浇水。

　　2 月 18 日，盆里好像还是什么都没有，我和妈妈又把它们搬到了走廊里。

　　2 月 25 日，早上我发现蒲公英的小花苞出来了，芦荟和土豆也发芽啦，是小小的芽。

指导教师：张晓婷　陈逸

幼儿记事七：

记录者：吕晨晞

年龄段：中 12 班

记录时间：2020 年 5 月 25 日

幼儿口述：

今年由于疫情的原因我在家的时间很长，在家里和爸爸妈妈还有妹妹做了很多有趣的事情。我和妹妹玩换装的小游戏，让爸爸妈妈来打分，看看谁搭配的衣服最漂亮；和妹妹比赛玩套圈游戏，看看谁套中的圈最多；到了晚上我和爸爸妈妈一起窝在床上看电视；我们还一起到公园欣赏了美丽的桃花。指导教师：姚婷婷　张彦婷

幼儿记事八：

记录者：杨玥怡

年龄段：中 9 班

记录时间：2020 年 5 月 27 日

幼儿口述：

今天太阳出来了，我们到幼儿园种植园写生，我发现种植园里又有了许多新变化。凌霄花越长越长了，已经爬到了屋顶上，它的下面没有叶子，上面长出了很多叶子，它像小蛇一样往上爬。地里也冒出了许多芽，有大有小，老师说这是老师们假期里种的，种植园里还多出了很多标志牌，上面有各个班的名字，我希望夏天的时候能吃到西瓜。

指导教师：周琪　伏未旺

幼儿记事九:

记录者:杨玥怡

年龄段:中 9 班

记录时间:2020 年 5 月 29 日

幼儿口述:

　　马上要到"六一儿童节"啦!老师说我们可以把自己的想法记录下来,我想这样过六一:首先我想和我的好朋友一起分享好吃的美食;然后和好朋友一起玩骑木马的游戏;哦!对了!我还会跳绳呢,再来一个跳绳比赛吧!这一定是一个非常快乐的六一儿童节!

指导教师:周琪　伏未旺

幼儿记事十:

记录者:朱晨乐

年龄段:中 7 班

记录时间:2020 年 6 月 1 日

幼儿口述:

　　今天是六一儿童节,我跟小伙伴们都很开心。我们一起吹泡泡,我跟林苏晴一起玩,真是太开心了,我喜欢上幼儿园。

指导教师:曹越　周由

幼儿记事十一:

记录者:顾若菡

年龄段:中 6 班

记录时间:2020 年 6 月 1 日

幼儿口述:

　　疫情过后终于能和小朋友见面了!今天是六一儿童节,我和好朋友一起在操场上玩了游戏,还去了不同的场地参观了老师们给我们展示的不同才艺,老师们可真厉害!下午,园长妈妈还推着小车给我们送来了六一儿童节的礼物,猜猜礼物里面有什么?是我们最喜欢的棒棒糖!这个六一我过得真开心呀!

指导教师:邢春兰　林艺

幼儿记事十二：

记录者：韩政位

年龄段：中 4 班

记录时间：2020 年 06 月 03 日

幼儿口述：

　　这是我画的"六一儿童节"。第一个是我们看老师扎气球，看完了老师送我们一个兔子气球、一个宝剑气球，小朋友们都想要这个气球；第二个是棒棒糖，是园长妈妈送给我们的礼物；第三个是和好朋友互换礼物，我把卡片送给了别人；第四个是有一个男老师在弹钢琴，我觉得很好听，我也在学钢琴；第五个是一个女老师在弹古筝；第六个是一个女老师在画画，她画了一只龙猫，画得很漂亮，我看过这个动画片。六一我过得很开心。

指导教师：冯雅怡　高静甜

幼儿记事十三：

记录者：汤新艺

年龄段：中 1 班

记录时间：2020 年 6 月 8 日

幼儿口述：

　　早上幼儿园里有很多好玩的游戏，第一个是小朋友在玩保龄球，一起拍西瓜球，最喜欢一起玩教室前面的滑滑梯了！夏天的时候我还喜欢和小之一起玩呼啦圈，还可以跳圈。上学期的时候，我们也会一起玩彩虹伞，大家一起拉着彩虹伞，小朋友可以在下面跑！

指导教师：张晓婷　陈逸

幼儿记事十四：

记录者：张歆瑶

年龄段：中 2 班

记录时间：2020 年 6 月 9 日

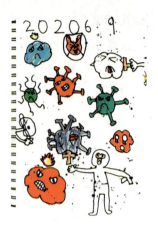

幼儿口述：

　　新型冠状病毒我们是看不见的，但我觉得它会发火，它发火的时候脸会变得红红的，开心的时候脸就是绿绿的，就像红绿灯一样。它们也会害怕，只要遇到医生它们就会发抖，你瞧，有的病毒头发都吓弯了，医生用剑把病毒打死了。

指导教师：叶近雨　付烨

幼儿记事十五：

记录者：吴润

年龄段：中 2 班

记录时间：2020 年 6 月 10 日

幼儿口述：

　　疫情期间我学到了很多打败病毒的好办法，现在我出门都会戴好口罩，不让病毒跑进我的嘴里。我还知道不能吃野生动物，它们是我们的好朋友。要多开窗通风，这样家里的空气才好。还要少出门，不到人多的地方，不在外面吃东西，这样病毒就伤害不到我们啦！

指导教师：叶近雨　付烨

幼儿记事十六：

记录者：赵析涵

年龄段：中 5 班

记录时间：2020 年 6 月 11 日

幼儿口述：

上幼儿园了，我设计了我的一日生活作息表。早上我从家里出发到幼儿园，上午我在幼儿园里玩攀爬架的游戏，下午我们一起在操场做运动，玩跨栏的游戏，到了晚上月亮出来了，我就在家里的沙发上休息，还有睡觉。指导教师：费英　王菁

幼儿记事十七：

记录者：李思蓉

年龄段：中 10 班

记录时间：2020 年 6 月 15 日

幼儿口述：

早上我在教室里面玩游戏，外面突然变黑了，我看见天上下了很大很大的雨，它们是细细长长的，还有打雷的声音，黄色的闪电。我可不怕打雷，但是我不喜欢下雨，因为下雨了地上就会湿湿的，还有小水塘，这样我就不能出去玩了。

指导教师：周益星　吴韦奇

幼儿记事十八：

记录者：田凌菲

年龄段：中 8 班

记录时间：2020 年 6 月 16 日

幼儿口述：

　　这个星期我们做了好多和桃子有关的事情，我们画了幼儿园奇怪的桃树，用粉色的纸剪了桃花，认识了好多好多的桃子，我最喜欢黄桃了！端午节我还会学会了包粽子，真是太有意思了！

指导教师：王庆红　沈楹

幼儿记事十九：

记录者：徐沐妍

年龄段：中 6 班

记录时间：2020 年 6 月 23 日

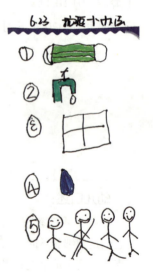

幼儿口述：

　　新型冠状病毒害得很多人都生病了，我们也不能正常上学了。但是我还是想到了很多好办法来保护自己。出门戴好口罩、勤洗手、开窗通风、多喝水、不聚集，你看我想的这些办法是不是很棒呢？

指导教师：邢春兰　林艺

幼儿记事二十：

记录者：朱晨乐

年龄段：中 7 班

记录时间：2020 年 6 月 23 日

幼儿口述：

　　我发现了番薯地里的很多小秘密。番薯的叶子是爱心形状的，叶子上还有洞洞，是不是小蚂蚁吃的呢？我还看到了茎上有很多毛毛的东西，这个很难发现的，要很仔细地看才能看到。我在地里还看到了一些小草，还有一只蚂蚱。

指导教师：曹越　周由

幼儿记事二十一：

记录者：汪艺馨

年龄段：中 8 班

记录时间：2020 年 6 月 23 日

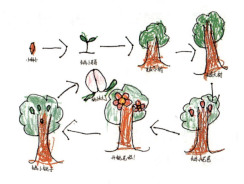

幼儿口述：

　　原来桃子是和我们一样慢慢长大的！先是小种子，再长出小芽芽，变成大树，然后再开花，桃树真厉害！还有小桃子是绿色的，只有长大了才会变得红红的哦！

指导教师：王庆红　沈楹

大班篇

幼儿记事一：

记录者：梅昊阳

年龄段：大 4 班

记录时间：2019 年 9 月 16 日

幼儿口述：

　　我在幼儿园里度过了一个快乐的中秋篝火晚会。张老师弹着吉他，我们手里拿着打击乐器，一起表演《宝贝宝贝》；我和我的好朋友一起猜灯谜，我可聪明了，一下子猜出了好几个；我们还在草丛里找到了礼物，和爸爸妈妈一起品尝了美食，最后和老师一起手拉手跳了一个舞，爸爸妈妈们也加入了我们，我好开心。

指导教师：张青婷　刘馨贤

幼儿记事二：

记录者：曹欣怡

年龄段：大 4 班

记录时间：2019 年 5 月 22 日

幼儿口述：

　　在实验前我猜蚂蚁一定喜欢吃糖果、饼干、小草、米饭、三明治等食物，如果把这些食物放在家门口的地上，也许会引来许多的蚂蚁来我家做客。在实验后，我才发现，原来蚂蚁喜欢吃糖果、饼干，它不喜欢吃树叶和草。蚂蚁很聪明，它们会拿树叶当成小船来过河，会在草地上避雨。

指导教师：张青婷　刘馨贤

幼儿记事三：

记录者：闻语涵

年龄段：大 1 班

记录时间：2019 年 11 月 15 日

幼儿口述：

　　今天，我们大一班小朋友一起去秋游了，我们要去秋游的地方是苏州大学。我们先在班里集合，然后坐上了大巴车。到了苏州大学，我们跟着导游排队参观。我们先去了一个大山坡，在上面野餐、分享零食。到了下午我们走过了苏大的红楼、钟楼，最后我们步行来到了博物馆，欣赏里面的展览。外面有一片很大的草地，我们找了一个草坪，进行了写生。老师还在苏大给我们合了影。愉快的秋游就这样结束了，最后我们坐着大巴车回到了幼儿园。

指导教师：陆亚萍　孙晓雯

幼儿记事四：

记录者：孙亦晴

年龄段：大 7 班

记录时间：2019 年 12 月 25 日

幼儿口述：

　　幼儿园里最好玩的就是滑索了，它有个高高的架子，中间有根长长的钢丝绳，上面挂着一个可以滑的木头，只要站在上面抓住木头就可以往前滑了，滑的时候就像在飞一样，好刺激！在滑索的下面还有好玩的轮胎路，我最喜欢这里的游戏了。

指导教师：吴茜　朱敏华

幼儿记事五:

记录者:潘艺萌

年龄段:大 6 班

记录时间: 2019 年 12 月 27 日

幼儿口述:

　　天冷的时候我们可以做很多运动,踢足球、游泳、羽毛球、跳绳和呼啦圈。踢足球可以锻炼我们的脚,游泳可以锻炼全身,羽毛球可以锻炼手,还有跳绳和呼啦圈,也都是锻炼全身。我们在运动的时候,各种运动都要选,这样我们的身体就会棒棒的啦!

指导教师:汤敏杰　马梦辰

幼儿记事六:

记录者:任雅诺

年龄段:大 2 班

记录时间: 2020 年 1 月 5 日

幼儿口述:

　　我希望今年的新年这样过!和好朋友一起跳绳、跳脚环、打羽毛球、走迷宫。如果能和好朋友一起比赛赛跑、坐旋转木马和玩你拉我走的游戏,那就更棒啦!我希望新年能快点到来!

指导教师:薛丽婷　缪秉荣

幼儿记事七：

记录者：李佩佩

年龄段：大 1 班

记录时间：2020 年 5 月 18 日

幼儿口述：

　　今天是我们疫情之后来幼儿园的第一天，我感觉和之前比有了很多的变化！我们来幼儿园都要戴上口罩，这样可以隔离病毒；我们每做完一件事就得去卫生间用七步洗手法洗手；在教室里，不像以前我们都坐得很近，我们要保持安全距离，凳子都是分散的；喝水也不在教室里用杯子了，我们都从家里带了水壶；排队的时候我们也要保持安全距离，不能凑太近；吃点心的时候，我们是拿了点心在自己的座位上吃；还有睡觉的时候，我们睡在一层的小朋友头都要朝着一个方向，床的位置也和上学期不一样了。

指导教师：陆亚萍　孙晓雯

幼儿记事八：

记录者：王梓昊

年龄段：大 7 班

记录时间：2020 年 5 月 25 日

幼儿口述：

　　疫情期间，我们到了幼儿园里会有很多检查，这个黑黑的架子我觉得很好玩，就像一个机器人，也像一个照相机，老师说它叫红外线测温仪，当我踩到地上的红点时它就能测到我的体温了，我觉得它好神奇，好厉害。指导教师：吴茜　朱敏华

幼儿记事九：

记录者：李盈颖

年龄段：大 6 班

记录时间：2020 年 5 月 27 日

幼儿口述：

在疫情期间，我们要这样保护自己。出去玩的时候戴口罩，特别是人多的时候，一定要戴好，不能摘下来。要爱护野生动物，不能吃野生动物，还要保护自然。不管在哪里玩，我们都要用消毒液洗手，吃东西前也要洗手。我们还要多锻炼身体，多运动，这样病毒就不会找我们啦！

指导教师：汤敏杰　马梦辰

幼儿记事十：

记录者：孙梓晨

年龄段：大 3 班

记录时间：2020 年 6 月 1 日

幼儿口述：

六一儿童节，我在幼儿园过得很开心。园长妈妈给我们送来礼物，有卷笔刀和棒棒糖。我们还玩了打水仗，听了老师给我们弹的歌，是用吉他弹的呢！我们还看了很多老师的表演、有的老师给我们用气球做了小兔子，有的老师表演古筝，有的老师弹琵琶，有的老师弹钢琴，还有一个老师在刺绣，我们还看了大厅布置的画展，这个六一真有趣！

指导教师：滕碧蕾　马烨蕾

幼儿记事十一：

记录者：高艺

年龄段：大 8 班

记录时间：2020 年 6 月 11 日

幼儿口述：

我有两个愿望，一个是成为一名画家，因为我很喜欢画画，每天回去我最开心的事就是画画。我喜欢穿着裙子画画，还喜欢用很多种颜色画。妈妈会把我的画放在画架上给大家看，还帮我把画做成了小画册。还有一个愿望就是当一名舞蹈演员，我觉得穿裙子在舞台上跳舞很漂亮，就像公主一样。

指导教师：陆优悦　钱奕雯

幼儿记事十二:

记录者: 顾成希

年龄段: 大 8 班

记录时间: 2020 年 6 月 18 日

幼儿口述:

　　我创作的是种植园的《一颗神奇的种子》的故事: 有一天,我捡到了种植园地一粒神奇的种子,我在想它可能是蝴蝶结、蔬菜或者玩具。忽然刮来了一阵风,把我的小种子吹走了,过了几天,我发现在我家门口有一粒种子在泥土上,又过了几天,小种子竟然发芽了。我每天都去看小种子,给小种子松土、施肥,给它晒太阳。有一天我又去看它,小种子竟然发芽了,我用放大镜看看它还有什么变化。有一次我拿着水壶给它浇水,小种子发了三株芽,又过了几天,有一株芽儿长成了小树,又过了几天,另外的芽儿也变成了小树。过了很久,终于最后一株芽儿变成了小树,小树越长越大,我喊来了朋友们来观赏,大家都很喜欢。

　　　　　　　　　　　　　　　　　　　　指导教师: 陆优悦　钱奕雯

幼儿记事十三:

记录者: 杨思源

年龄段: 大 3 班

记录时间: 2020 年 6 月 24 日

幼儿口述:

　　今天我在表演区做主持人,以前表演区的演员很吵,我就让他们安排好表演的项目。先表演的是胡逸凡和她的好朋友,3 个人合唱了一首《小青龙》。第二个表演的是孙梓晨和商源祺,他们表演的是跳舞,因为她们报了舞蹈班,我觉得跳得很好。第三个表演的是陶陶,他讲了个故事,故事很好听,但是声音有点小,我提醒了他,他稍微大了点,我们今天赚了很多钱。

　　　　　　　　　　　　　　　　　　　　指导教师: 滕碧蕾　马烨蕾

教师记事

教育故事：不速之客

记录教师：张青婷（中班）

记录时间：2019 年 3 月 5 日

教育故事：童言稚语

记录教师：张青婷（中班）

记录时间：2019 年 3 月 7 日

教育故事：种植小队

记录教师：张青婷（中班）

记录时间：2019 年 3 月 21 日

教育故事：蚂蚁喜欢吃什么？

记录教师：林艺（大班）

记录时间：2019 年 5 月 23 日

教育故事：弯弯绕绕的线

记录教师：林艺（大班）

记录时间：2019 年 6 月 24 日

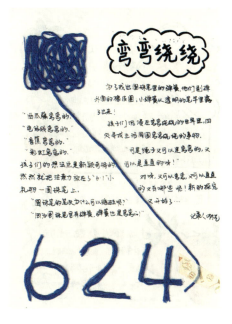

教育故事：初探玩泥场标记

记录教师：马梦辰（中班）

记录时间：2019 年 9 月 23 日

教育故事：我的影子

记录教师：张彦婷（中班）

记录时间：2019 年 3 月 5 日

教育故事：开小店

记录教师：林艺（大班）

记录时间：2020 年 6 月 22 日

教育故事：当纸遇上水

记录教师：林艺（大班）

记录时间：2020 年 6 月 20 日

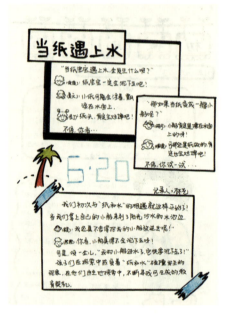

教育故事：草莓爬爬

记录教师：季瑜玲（中班）

记录时间：2020 年 6 月 23 日

教育故事：冬瓜开花

记录教师：殷晴（中班）

记录时间：2020 年 6 月 29

教育故事："藕"然遇见你

记录教师：黄晴瑜（小班）

记录时间：2020 年 6 月 28 日

教育故事：吃饭我最棒

记录教师：许晓芳（中班）

记录时间：2020 年 9 月 30 日

教育故事：阳光骑行的改造与美化

记录教师：冯雅怡（大班）

记录时间：2020 年 9 月 3 日

教育故事：我是班级"小主人"

记录教师：王菁（大班）

记录时间：2020 年 9 月 4 日

教育故事：玩泥场的故事

记录教师：沈洁（大班）

记录时间：2020 年 9 月 15 日

教育故事：带孩子种青菜

记录教师：付烨（大班）

记录时间：2020 年 10 月 9 日

教育故事：即将"消失"的钻笼

记录教师：陈语（中班）

记录时间：2020 年 11 月 2 日

教育故事：美味蒜饼

记录教师：陆优悦（小班）

记录时间：2020 年 11 月 13 日

教育故事：我是小小播报员

记录教师：吴茜（大班）

记录时间：2020 年 12 月 4 日

教育故事：南瓜写生

记录教师：姚婷婷（中班）

记录时间：2019 年 11 月 11 日

教育故事：有趣的对比色

记录教师：王菁（大班）

记录时间：2020 年 9 月 15 日

教育故事：每次进步一点点

记录教师：叶近雨（小班）

记录时间：2020 年 11 月 15 日

教育故事：爱迟到的小陈

记录教师：叶安琪（中班）

记录时间：2020 年 10 月 15 日

教育故事：老师，他不乖

记录教师：张瑜（小班）

记录时间：2020 年 10 月 26 日

教育故事：悄悄话

记录教师：陆亚萍（小班）

记录时间：2020 年 11 月 4 日

教育故事：思·主题墙

记录教师：张青婷（中班）

记录时间：2020 年 11 月 7 日

教育故事：新闻联稿

记录教师：伏未旺（大班）

记录时间：2020 年 11 月 8 日

教育故事：区域活动中即时观察

记录教师：张青婷（中班）

记录时间：2020 年 11 月 20 日

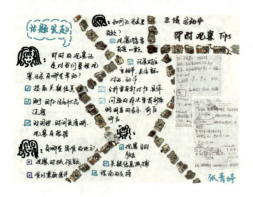

教育故事：我们的学校

记录教师：伏未旺（大班）

记录时间：2020 年 12 月 3 日

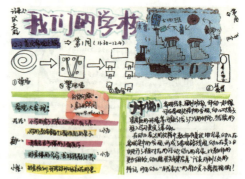

园长妈妈记事

那日、那妈、那些娃

那天经过走廊，看到一个年轻的妈妈正在和老师诉说着什么，感觉妈妈的表情不怎么自然。一定有什么事情吧，当走近身边时发现，妈妈的脸上竟然还淌着未擦拭的泪花。怎么了？不由得心里一紧，立马询问："有什么事情吗？没关系，跟我说说，我看看可否有办法。"在我较为柔和的声音下，妈妈慢慢缓和了情绪："哎，这个事情已经很久了，我也不抱什么希望了，我女儿每天都不愿在幼儿园大便，每次来接她都急得催着我快点回家，要回家里解大便。她一天天这么忍着，该多难受啊！跟老师说了几次也没有用。"说着又落泪了。看着这样一位妈妈，我的心也不免揪紧了起来。

班级里究竟有多少孩子还有这种现象？全园到底还有多少孩子还处在这样的困境中？这个问题必须解决，再不能让妈妈如此纠结了，也不能让娃这么难受着啊！

可是，我们的很多老师还非常年轻，他们感受不到这样的心焦。我问老师们："你们了解班级里每一个孩子的这些具体情况吗？知道班级里有哪几个孩子在幼儿园解大便还存在困难吗？能感受到孩子在这个问题上有障碍所造成的不良影响吗？"能回答这些问题的老师寥寥无几。

我要帮助孩子，也要帮助我们的老师们。那天午后，我在图书室寻找了三本关于宝宝拉便便的图书，来到了那个娃所在的班级。我让孩子们选，想听哪个故事。孩子们选择了其中的一本。我给孩子们讲起了故事，通过故事让孩子们知道拉便便是一件非常正常、非常重要的事情，不能有便便不去拉。在故事的引导下，一场与孩子们的对话就这么展开了：

我：来，告诉园长妈妈，现在我们有哪些小朋友是在幼儿园拉便便，一点也不需要老师帮忙的？

"呼啦"，小手举起来，我大概一数，占了 3/4，也就是还有近十个娃娃有问题。

我：能自己拉便便的娃娃你们很能干，可以先去午睡室睡觉啦。剩下的宝宝不着急，我们来聊一聊。（小宝宝看着我，点点头）。

我：你们不愿在幼儿园拉便便，一定有你们自己的想法，有点担心和害怕，是吗？说一说你们都害怕些什么呢。

点点：我怕便便弄到手上。（嗯，是会有些担心的。）

琪琪：我不会自己擦屁股。（不会擦的小朋友有好几个呢，不着急。）

端端：我害怕在幼儿园拉便便，会很臭。（你怕其他小朋友说你臭，是吗？）

粒粒：一个人拉便便会害怕。（在家有人陪你拉便便啊！）

我：在没有学会自己拉便便、擦屁股前，每个小朋友都会有点儿害怕，没关系。可是，便便留在身体里会有很多害处。如果你在幼儿园想拉便便了，让老师先来帮帮你，谁愿意在幼儿园拉便便？（有5个小朋友表示同意在老师的帮助下在幼儿园拉便便了。）

我：现在还没学会擦屁股，可以回去让爸爸妈妈教一下，快快学会自己擦，过几天也愿意在幼儿园拉便便的小朋友有谁？（又有3个小朋友表示愿意回去学习一下了。）

我：好的，让老师、爸爸妈妈一起帮我们加油学习拉便便的本领，不让便便留在身体里害我们。我们这几个宝宝比一比，看看谁能真的在幼儿园便便了，好吗？你们也可以去睡觉啦。

我：现在还是不愿意、不敢在幼儿园拉便便的，有谁呀？（那个女孩，还有一个男孩）

我：来，两个宝宝到园长妈妈身边来。（我把娃娃搂在怀里）说说看，你们为什么不愿意在幼儿园便便呢？

那个娃：脏，我不想在幼儿园便便。

那个男娃：我也是。

我：可是如果很想便便了，你不去拉多难过呀？时间长了要生病呢。

那个娃：可是我还是不想在幼儿园便便。

那个男娃：我也是。

我：你们知道你们的妈妈有多担心你们吗？要是一直不在幼儿园便便，妈妈担心宝宝会生病，她会急得哭呢。你们想让妈妈这么难过吗？

那两娃：不想。

我：说说你们还有什么不会的？到底害怕什么呢？

那个娃：我不会擦屁股，怕便便弄到手上。

那个男娃：我也是害怕擦屁股。

我：要是学会了擦屁股，便便是不会弄到手上的。如果弄到小手上，也可以用香香的肥皂来洗干净啊。你们都会洗手，对不对？

那两娃：对。

我：你们愿意回家向爸爸妈妈学一学，悄悄地把这个本领学会吗？过几天小朋友知道你们能在幼儿园自己拉便便，一点也不用老师帮忙了，那该多棒呀！怎么样，可以去试试吗？

那两娃：嗯。（终于点头了）

两个娃娃终于微笑着去睡觉了，我知道，要他们真的露笑脸还需要持续很长时间的家园双方共同努力呢。

那日、那妈、那些娃，让我看到了一些容易被隐藏和忽视的问题，这些问题也许在有的人看来太小，在我看来确是十分重要的大问题。园长的职责在于：

1. 给予年轻的教师以直观的示范，让她们身在其中有所感有所悟，天天有收获！

2. 给予每一个孩子以切实的关爱，让他们能快乐生活亦能驰骋想象，日日有成长！

3. 走进孩子的内心，与孩子尝试无距离无障碍的沟通，做点亮孩子前行的那盏明灯！

——建华手记，2019 年 4 月 15 日

一次与大班幼儿的游戏分享

师：说说今天游戏中开心的事。

幼：今天来医院看病的人很多，很开心。

师：你们生意真好，还有什么开心的事？

幼：今天我们医院的人吵架了。

师：医院里要安静，吵架会吵到病人的。说说有什么高兴的事。

幼：XXX来我们家帮忙了，有一些人来娃娃家捣乱。

师：说明你们娃娃家也很受欢迎。

幼：今天我们银行里还是很挤，和XXX撞到了。

师：你们一个人往这边走，一个人往那边走，出来的时候正好撞到了，对吗？

幼：（疑惑的）嗯。

师：那我们都往那边走，可以做个什么标记来提醒一下呢？

幼：做个箭头标记

……

分析：

教师对幼儿叙述中出现的问题捕捉不够敏锐，不能及时给予幼儿梳理、提升有关内容；问题叙述没有耐心倾听，不清楚具体内容情况下朝着自己的预设内容做回应，回应与幼儿的需求不一致。

对策修正：

师：说说今天游戏中开心的事。

幼：今天来医院看病的人很多，很开心。

师：你都给哪些人看了病，他们哪里不舒服？（你帮这么多人看好了病，让他们不难过了，真是件高兴的事。）

幼：XXX来我们家帮忙了，有一些人来娃娃家捣乱。

师：XXX来帮的什么忙呀？（有人来帮忙，真让人高兴。）我们一起来听听他们去娃娃家干吗了，是不是真的去捣乱了呢？有什么办法可以让他们不捣乱呢？（又发现了新的好办法，真开心！）

幼：今天银行里还是很挤，我和XXX撞到了。

师：你们是怎么撞到的，能说得清楚一些吗？我们一起来想想，有什么办法可以让银行里的秩序好一些呢？（可能性对话：碰到困难总能想到好办法来解决问题，你们真的长大了呢，是一件值得开心的事。）

幼：今天我们医院的人吵架了。（你们知道医生在什么时候需要争论、争吵吗？今天回去跟爸爸妈妈讨论一下，等有结果了再和大家一起来分享。）

策略背后的支持

（1）耐心倾听：银行里的孩子到底是怎么撞到的，恐怕不是谁往哪边走的问题，教师只要暂时做一个倾听者，就能明白究竟是怎么回事了。

（2）提升涵养：正确的社会道德观不会赞同因来医院看病的人多而开心，在与幼儿对话时，需要教师具备基本的社会涵养，做医生为可以帮到病人而高兴，这才是社会正能量。

（3）改变视角：医院的人吵架了，面对这种问题教师不要仅仅满足于做一个评判者，能否改变一下视角，助推孩子讨论一下：在医院里，什么时候医生需要进行争论？从而丰富幼儿有关医生会诊的相关经验，转换一下视角可以更好地引领孩子的发展。

（4）智慧启思：幼儿表述"XXX来我们家帮忙了，有一些人来娃娃家捣乱"，细心的老师就会发现，"帮忙""捣乱"正是一对反义词，究竟谁真的去帮忙了，谁又是不是去捣乱呢？聪明的办法策略可以将这个问题抛给的孩子，引起孩子进一步的思考和辨析。

对话感悟

孩子会提问、会思考比能学到多少知识更重要，师幼对话的目的不是为了走向一个"正确的"答案，教师不要只顾着完成自己的计划或进程而忽略幼儿才是发展的主体。实践有效师幼互动的核心是教师的智慧，智慧来自扎实的积累、长远的眼光与广阔的视界。

——陈建华手记，于 2019 年 6 月 26 日

"藕然遇见你"之遇

在看到这个题目时，一定有朋友会以为我在说绕口令，哈哈，想不通我想表达的是什么的人，我解密一下：这是今天听我园小班的毛老师给我们分享介绍的她的课程故事"藕然遇见你"之后的特别命题。

小班的孩子，在这个多雨的夏季，生成了一个与"藕"做朋友的主题。这个主题的缘起居然是孩子在用蔬菜印画过程中对印画工具产生了兴趣，老师敏感地捕捉到"藕"对孩子的发展价值，从而展开了一个小班的主题活动。主要路径为感知认识藕—看看外面的样子—切开看看里面的样子—发现了藕的丝—关于藕的丝的探索以及带有丝的食品—做糯米糖藕—因为阴雨天切开的藕片发霉了，观察发霉的藕—发现中11班自然角种了藕—自己班也要种藕—发现幼儿园的小池塘里也种了藕—孩子想拔出来看看有没有长藕—终于没有完成拔藕这个愿望（藕的主人没有同意），课程到这里，孩子放假了。

跟随毛老师的介绍，我把自己还原成一个小班的孩童去感受，孩子们在这期间经历了什么。关于藕，我想知道什么？我能知道什么？哪些对我来说是非常期待并且可能可以实现的探究？如何让我经历的这个过程变得更为有趣，使我念念不忘？

顺着孩子的思维，我再回到教师去感受，主要的课程路径也许会有所不同，就感知认识藕这个部分，我想：

1. 孩子们的第一个问题是：藕到底有多长？这是一个非常有价值的问题，小班的孩子对大小、长短这些显性的特征更为敏感，我想不应该局限于看看、摸摸、闻闻这样的感知。来一场有意思的寻找之旅，大家带来了很多藕，比一比，找一找，谁是最大的藕大哥，谁又是最小的小妹妹呢？最大的到底有多长？还有哪里感觉到它很大？（重一些、粗一些、感觉肥肥的，看起来像班级里小胖的大腿，哈哈哈哈哈！跟我们的大腿比一比，哪个更粗一些，怎么比，放一起看看，找找谁的大腿跟藕哥哥差不多）——希望看到这样的师幼对话，孩子的记忆会因为这样的活动而变得深刻丰润起来。

2. 第二个可以去解决的问题是：藕到底长什么样？有的孩子带来的是一小段藕，有的是两小段藕连在一起的，也有的带来的是一整支藕，为什么会不一样呢？孩子不会对这些有疑问吗？观察、探索藕到底是怎么一段一段连在一起的呢？你手里的可能是藕的哪一段呢？你是怎么发现的呢？如果孩子有了这样的经验，此处是否可以支持孩子尝试有趣的游戏，比如添画完整的藕朋友、藕宝宝找家人、点数藕段、长长短短藕段排排队……我想孩子们进行这些活动是建立在自己的经验之上的，这些集体以及个别的活动能支持孩子的相关经验得到更为完整的获得。

3. 切开看看里面的样子，除了发现藕丝，我想一定还有很多，藕片的洞洞大小不同，图案很美，触感很特别，湿漉漉、滑腻腻的感觉，过了一会儿颜色会变黑，且对藕丝的发现应该是十分惊奇的，有着细致观察力的孩子会比较敏感于发现这些奇奇怪怪的现象。我想，我会十分惊异于孩子们的这些发现（尽管这些我都熟知于心），但表现出一种惊叹对孩子是不是很有力的支持呢？有什么办法把这些发现都记下来，告诉别人？你记小洞洞，把看到有几个小洞洞一个个记下来，位置也能记下来，还会问老师需要一张圆圆的小纸片来记；我记摸上去滑滑的、湿湿的感觉，这个可以怎么记，想想办法来解决，比比谁的方法能让别人看懂；他记发现的藕丝，很多细细的小线条，连在藕片上，这个发现太了不起了，一定要记下来！把孩子们的发现用这些记录单来个发布会，满满的成就感，这样的学习一定能支持孩子的探究性学习向着深处发展。

"藕然遇见你"之遇，我想说：教师的课程设计技术在哪里？不管是生成还是预设，追随孩子的兴趣与发展需求，教师是一个有着自己专业头脑的信息筛选者、价值判断者，当遇见课程，我们需要做的是把课程中对这个阶段孩子可能性的发展机会有选择地推给孩子们，给他们更多的探究机会、选择机会、解决问题的机会，更多的交流与分享，在经历的过程中体验到我在其中、因我而变。

——建华手记，于 2020 年 7 月 17 日晚

"你"摆地摊"我"开小店

那天在大门口送孩子离园,孩子送得差不多没几个人了,邢老师迎过来说:"园长妈妈,有个问题要问问您!"

"什么问题,你说?"

邢老师说:"现在活力岛大家都开始摆地摊,孩子们也挺感兴趣的,我们班想跟孩子们开展一个班本课程,可是我们的主题名称和研究方向还不能确定,我们研究忙忙碌碌的市场,您觉得可行吗?"

我略思考了一下:我想,"市场"这个概念,对中班的孩子来说经验可能不够充分吧?对孩子们来说,他们所熟知的是什么呢?"地摊"也不是很能理解吧,那么比较贴近孩子的会是什么呢?开个店,开个自己的小店如何?就这么谈着,大家都觉得妥了,哈哈,中六班的"小店"就开始酝酿起来了。

在经过了师幼三个星期的忙碌,小店果然开起来了。昨天听邢老师介绍她的课程故事,特别自信,我也特别为她感到高兴,因为从她介绍的点点滴滴中,我真的能感受到她的转变,特别为她的孩子感到高兴,专业与有爱心的教师是孩子的恩遇。我清晰记得邢老师曾经的大嗓门,与孩子的互动也是特别直白、简单。而现在说课程故事的她,让我感觉到了她的温和淡定,她的对孩子持续的追踪与观察,她的不断与孩子抛接问题,一个问题生发另一个问题的实实在在的问题生发与解决过程。这对教师来说真的是一种特别宝贵的专业特征。

这个过程就像一个链,一个接着一个的正向传递:

1. 开啥店:究竟开几个店、开什么店,孩子们的主意太多了,集体讨论时乱成一锅粥。但是邢老师没有因为这个乱而启动她的大嗓门,而是智慧引导孩子们各自出主意,表达自己的想法,大家投票,点数,想办法解决了问题。最终决定了孩子们的六个小店:玩具店、糖果店、水果店、气球店(六一气球花的影响)、端午节特色店(正值端午节)、饰品店(之前有孩子因做出漂亮耳饰而自喜)。这不是成人可以左右的,可见孩子们的选择很有自己的理由呢!

2. 进组分工协商:六个小店,我进哪个店,老师给了孩子们协商的自由,让孩子们自己解决问题。孩子们完全可以根据自己的兴趣选择自己喜欢的小店。至于人数多少、谁负责做什么、有没有什么矛盾产生,这些对孩子来说就是宝贵的学习机会,孩子们就是在这些矛盾中获得与人正确交往的经验的。所以,我想再次强调的是：不要总是习惯于追求四平八稳，追求妥妥帖帖、常规良好，而是要珍惜这样的机会，让孩子们亲身感受由混乱走向秩序的历程。

3.咋开店：孩子有自己的经验，有自己的规划。邢老师为了协助幼儿开小店，在经验积累方面走得非常悠闲：让孩子们自己交流，自己做调查记录，让爸妈带着去地摊活力岛参观，个别孩子还亲自去体验摆了一回最简单的泡泡机地摊，也有的体会并记录了高大上的书店，还搬回了书店手稿……有了这些经验，孩子们的小店自然有了触类旁通，有了信息互通，有了可借鉴可参考，当然还可以天马行空、任尔遐思。他们自己设计、自己搬运、摆放实践、相互调节，也许这些店真的很幼稚，可是，能有背景装饰，有柜台货物，有品名招牌，甚至还有小广告，对于孩子来说，真的十分了不起啦。

4.特遗憾：孩子们克服了一路出现的不少问题，终于把店开起来啦。可是主题到这里也就戛然而止，感觉此处尚有太多的遗憾：这店能开多久？哪个更受喜爱？哪个第一个倒闭？跟什么有关系？怎么扭转不利的局面？开店能赚多少钱？赚的钱怎么分配？满足于这六个店吗？中6班的这个市场会怎么发生悄然的变化？我想孩子们的兴趣一定不会止于此，值得他们发现、探究的问题还会有很多，我们还能协助孩子走多远？

经过这个课程故事，我想说：第二个教师课程设计技术的要点在哪里？教师除了是一个专业头脑的信息筛选者和价值判断者，更是一个站得高、看得远的规划设计者，一个远行足下决胜千里的智者。把幼儿各年龄段的发展目标熟识于心，当看到一点可能的发展机会，我们就能在头脑中形成一定的活动团。因为源头有了更多的规划与可能性的提供，孩子们才有机会获取适合自己的进入实践大门的通道。有意思的活动的生发来源于师幼互动中你给孩子们创造更多有趣的探索机会，不时给他们添点乱，制造一些问题或触发一些新的矛盾，让娃娃们乐此不彼于不断与新的小挑战进行积极的互动。

——建华手记，于 2020 年 7 月 18 日

主要参考书目

［1］陈秀云，陈一飞．陈鹤琴文集．江苏教育出版社，2007.

［2］虞永平．生活化的幼儿园课程．高等教育出版社，2010.

［3］丁海东．论儿童的游戏精神．山东师范大学学报（人文社科版），2006（1）.

［4］虞永平．课程游戏化只为更贴近孩子心灵．中国教育报，2015-6-28.

［5］【美】朱莉·布拉德．0—8岁儿童学习环境创设．陈妃燕，彭楚芸译．南京师范大学出版社，2014.

［6］邱学青．学前儿童游戏．江苏教育出版社，2005.

［7］教育部基础教育司组织．走进新课程：与课程实施者对话．北京师范大学出版社，2002.

［8］上海市教育委员会教学研究室．幼儿园课程图景．华东师范大学出版社，2013.

［9］周卫勇．走向发展性课程评价．北京大学出版社，2002.

［10］王坚红．学前教育评价．人民教育出版社，1994.

［11］周卫勇．走向发展性课程评价．北京大学出版社，2002.

［12］【美】山姆·麦索尔思，等．作品取样系统——教室里的真实表现评价．廖凤瑞，陈姿兰译．南京师范大学出版社，2009.

［13］何婷婷．新西兰"学习故事"及其在中国本土化的反思．教育与教学研究，2018.

后 记

  在苏州大学实验学校幼儿园的日子不长，但短短的时光一旦回想起来，似乎确实很长。因为把每一天都过得特别富足的时候，一天就拉长了很多。这是一个非常新的园所，一批非常年轻的娃娃老师跟着我这个几乎成为孩子精的老园长，尽管他们都非常亲切地称呼我"园长妈妈"。我们带着自己对学前教育课程的理解、对幼儿园自身的解读、对孩子亲切的关爱，经过 700 多天的伴随孩子、伴随园所、伴随课程的实践推进，一路向前。

  课程环境从无到有，从有到优；活动室场一个个刷新富足，快乐无限；课程资源由少变多，逐步生长；课程活动一次次灵活应变，突破创新……

  感谢苏州大学的文化滋养！

  感谢安子校长、炳亮书记以及苏州大学实验学校管理团队的倾心协助！

  更感谢我们那群可爱的小老师们那信赖的眼神、纯洁的心灵以及孜孜不倦于渴求专业成长的态度，使我们在短短的两年内几乎创造了一个幼儿园课程建构的奇迹。在本书的编撰过程中，黎永存老师参与了图说课程环境的汇编；张云老师参与了幼儿记事、教师记事的汇编；课程方案、课程资源的案例由冯雅怡、叶安琪、张青婷等老师提供。

  一切都是为了那群可爱的小宝宝们，他们走进了苏大实验幼儿园，从此，我们一起记录每一个鲜活生命的成长故事。

  未来的日子里，愿你们的笑脸不变，我们的初心还在！

陈建华

2020 年 12 月